Visual design

最短効率！

成果を最大化させる

AIマーケティング術

Generative AI

Web Marketing

SEO

Branding design

春山瑞恵

HARUYAMA Mizue

ぱる出版

はじめに

　ウェブサイトやソーシャルメディア上での画像利用が、現代のSEO対策やマーケティングの成功において中核的な役割を果たしていることは、もはや言うまでもありません。Googleなどの検索エンジンでは、画像を含むページが好まれる傾向があり、その結果、オリジナルで高品質な画像を含むページは検索結果で上位に表示されやすくなります。画像は、瞬時に豊かな情報を伝え、テキストよりも直観的でスピーディーに理解されるため画像を含む投稿は、そうでない投稿に比べて人々により広く共有される傾向にあります。

　2023年以降、驚異的なスピードで進化している画像生成AIは、わずか数秒で魅力的な画像や動画、イラストを生成することが可能となりました。これは、ウェブサイトや様々なソーシャルメディアプラットフォームでの画像、サムネイル、アイキャッチ画像の作成に革命をもたらすものです。これにより、画像やイラスト素材を探すのに要する時間と労力が大幅に削減され、マーケティング活動の障壁が低減されます。高品質な画像を素早く大量に生成できる画像生成AIの導入は、コンテンツ制作におけるビジュアルデザインやアイデアの構築、画像探しの手間を大幅に軽減し、クリエイターの創造力と効率を高めることに寄与します。

　本書では、画像生成AIをウェブマーケティングの目的や用途に応じて効果的に活用する方法に焦点を当てています。読者の皆さまが画像生成AIの特徴を理解し、どのように始め、どう使うか、そしてどのように応用すればよいかをわかりやすく解説しています。また、実際に画像生成AIを用いた事例やテクニックをご紹介し、読者が容易に実践できるように構成しています。

　画像生成AIの導入によって、画像やイラストの制作過程が効率化され、ウェブ担当者、経営者、デザイナー、クリエイター、ウェブマーケティングの専門家や担当者の皆さまにとって、大いに役立つ一冊となることを目指してこの本を作りました。本書を通じて、画像生成AIの可能性を最大限に活用し、マーケティング活動を一新する一歩となることを願っています。

目次

はじめに ……3

購入特典 ……6

第1章
ウェブマーケティングと
ビジュアルデザインの基本を知ろう ……7

1 ウェブマーケティングとビジュアルデザインの関連性 ……8

2 ウェブマーケティングとは? ……9

3 ウェブマーケティングの主な5つの手法 ……10

4 ビジュアルデザインとは? ……12

5 ビジュアルデザインの主な5つの要素 ……13

6 画像生成AIとは? ……15

7 画像生成AIに関連する著作権 (一般的なガイドライン) ……17

第2章
おすすめの画像生成AIツール　14選 ……21

1 Midjourney ……22

2 Canva ……23

3 Microsoft Bing Image Creator・Designer/Copilot ……24

4 SeaArt.AI ……25

5 Leonardo.Ai ……26

6 Adobe Firefly ……27

7 Adobe Express ……28

8 ChatGPT with DALL-E 3 ……29

9 Microsoft Copilot ……30

10 Gemini ……31

11 Claude 3 ……32

12 Filmora (動画編集・動画生成AI) ……33

13 Sora (動画生成AI) ……34

14 Llama 3 ……35

第3章
SNSに画像生成AIを活用する【初級編】…… 37

1 SNS別ユーザー層と戦略 …… 38
2 画像系コンテンツ …… 41
3 サムネイルに使える画像生成AIツール使い方 …… 46
4 動画系コンテンツ …… 69
5 サムネイルに使える編集AIツール使い方 …… 77

第4章
チャット形式の画像生成AIツール活用術 …… 109

1 ChatGPT with DALL-E 3 …… 110
2 Microsoft Copilot Pro …… 115
3 Google Gemini Pro …… 122
4 Claude 3 …… 127

第5章
ブログに画像生成AIを活用する方法【中級編】…… 133

1 ブログに画像生成AIを活用 …… 134
2 Google Gemini と Googleレンズを使う …… 135
3 Google Gemini× Googleレンズを使って画像からブログを提案してもらう …… 136
4 ChatGPTを活用してキャラクターを作成する方法 …… 140
5 Midjourneyを活用してキャラクターを作成する方法 …… 142
6 ChatGPT×Midjourneyを活用してキャラクターを倍増する方法 …… 146

第6章
ブランディングデザインとウェブサイト …… 149

1 ブランディングデザインの基本 …… 150
2 ChatGPT×Midjourney ブランドの理念からブランド名を決める …… 152
3 ChatGPT×Midjourney ブランド名からロゴを作成する …… 154
4 ChatGPT×Midjourney ロゴから店舗をデザインする …… 157
5 ChatGPT×Midjourney ロゴからパッケージをデザインする …… 160
6 ChatGPT×Midjourney ブランドの全体像からウェブデザインを導き出す …… 164

第7章
画像生成AIをSEOに活かす方法 …… 169

1 画像SEOとは …… 170
2 画像を使って検索結果の上位表示を狙う …… 171
3 画像に秘められたキーワードを発見する …… 179

終わりに …… 191

購入特典

下記のQRコードを読み込むと
本書の画像をフルカラーでご覧いただけます。

※特典プレゼントは予告なく終了となる場合がございます。あらかじめご了承ください。
※図書館等の貸出では特典プレゼントは出来ません。
※本特典の提供は、TLB株式会社が実施します。
※販売書店、取扱図書館、出版社とは関係ございません。
※お問い合わせは https://tlbdesign.jp/ からお願いいたします。

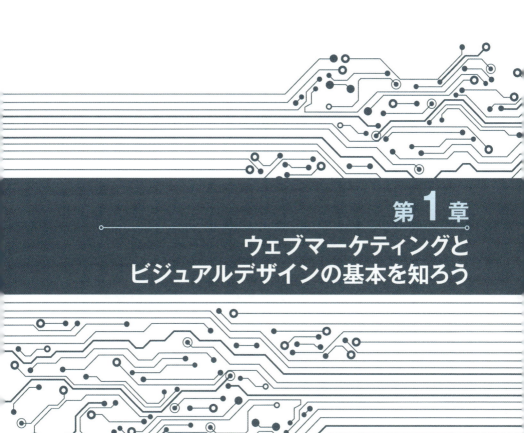

第1章
ウェブマーケティングとビジュアルデザインの基本を知ろう

第 1 章 〉〉〉 ウェブマーケティングとビジュアルデザインの基本を知ろう

1 ウェブマーケティングと ビジュアルデザインの関連性

　ウェブマーケティングとビジュアルデザイン、この二つがインターネット上でのビジネス戦略において、切っても切れない関係にあるのをご存知でしょうか？ユーザーがウェブサイトやソーシャルメディアを訪れた際、最初に目に飛び込んでくるのはロゴ、アイコン、大きな画像、スライダー、ビデオなどのビジュアル要素です。人は見た目の良さや魅力的なデザインに自然と惹きつけられ、注目するものです。さらに人の脳は、きれいで整った情報を理解しやすい傾向にあり、美しくデザインされたウェブサイトは、訪問者が使いやすく快適に感じるようになります。そして、人は使いやすさと快適さを感じると、商品やサービスの購入をより考えやすくなり、購入意欲が高まるのです。

　ソーシャルメディアには膨大な情報が溢れていますが、美しく目を引くデザインの投稿は、人の目を引きやすく、他の投稿よりも注目を集めやすくなります。さらに魅力的な写真やイラスト、適切な色使いは、情報を効果的に伝え、投稿の共有や記憶に残りやすくなります。限られた時間の中で、伝えたいメッセージを的確に伝えることができるのです。

　ビジュアルデザインは最初の印象を良くし、情報を伝えやすくし、信頼とブランドイメージを作り行動を促します。ウェブマーケティングにおいて、ビジュアルデザインは欠かせない存在であり、両方共に密接に連携しているのです。

第1章 >>> ウェブマーケティングとビジュアルデザインの基本を知ろう

2 ウェブマーケティングとは？

　ウェブマーケティングとは一体どのようなものなのでしょうか。一言で言えば、インターネットを活用して商品やサービスのプロモーションを行い、売上を向上させるための戦略的アプローチのことを指します。ただし、単に商品を露出するだけでは不十分です。ウェブマーケティングの本質は、顧客とのつながりを構築し、信頼関係を築くことにあります。

　例えば、あなたがカフェを経営しているとイメージしてみましょう。あなたのお店は香り高いコーヒーとおいしい手作りケーキで知られています。しかし、どれだけ魅力的な商品があっても、人々がその存在を知らなかったら、あまり意味がありません。そこで、ウェブマーケティングの手法を使い、世の中にあなたのお店の魅力をアピールします。

　まずは、SNSを使ってみましょう。美味しそうなコーヒーの写真や写真映えのする画像を投稿すれば、きっと注目を集められます。それに、お得なイベントや割引情報を載せることで、お客さんがお店に来てくれるかもしれません。さらにSEO対策をして、あなたのカフェのウェブサイトが検索した時に、上の方に表示されるようにしましょう。そうすれば、近所の人や旅行者がカフェを見つけやすくなります。

　それから、メルマガを使うのもいいでしょう。登録してくれたお客さんに、新メニューや期間限定商品、誕生日特典などを直接お知らせできます。

　このようにウェブマーケティングを活用すれば、商品やサービスの良さをインターネット上から多くの人々に伝えて、人々の興味を引くことができます。

第1章 〉〉〉 ウェブマーケティングとビジュアルデザインの基本を知ろう

3 ウェブマーケティングの 主な5つの手法

ウェブマーケティングには主に5つの手法があります。それぞれの特徴と具体的な方法について、簡潔に解説します。

手法1 SEO（検索エンジン最適化）

ウェブサイトが検索結果で上位に表示されるように工夫して、キーワードを選定したり良い内容の記事を書いたりすることで、より多くの人にサイトを見てもらえるようにする集客手法です。自然な検索結果での露出を高めることができるため、広告費をかけずに宣伝ができます。しかし効果が出るまでに時間が必要で、Googleなどの検索エンジンのアップデートの影響を受けることがあるので専門的な知見も必要です。

手法2 コンテンツマーケティング

役に立つ情報や魅力的な内容をブログや動画で提供して、顧客や人々の関心を引く方法です。こういったコンテンツを配信し続けることで、信頼を獲得し、製品やサービスに興味を持ってもらいます。そのため、良質な記事や動画を作成する時間と動力が必要になってきます。例えば、定期的にブログや動画を配信するためには、社内の人件費またはライターやクリエイターの外注費用、そのほかにも既存記事の更新などに費用が必要になることもあります。

手法3 SNS マーケティング

　Facebook や Instagram などのソーシャルメディアを使って商品やサービスを宣伝する方法です。魅力的な写真やビデオを共有し、フォロワーと直接コミュニケーションを取り、プロモーションや広告を行います。ハッシュタグや人気のインフルエンサーを活用して、より多くの人にアピールし、ブランドの知名度を高めることが目的です。

手法4 メールマーケティング

　メールを使用して製品やサービス、セールや限定オファーなどの情報を送ります。顧客に対して適切なタイミングで適切な情報を送ることができるため、顧客がより関心を持つようになり、個人的な関係を築くのに適しています。結果として売上の向上に繋がることが期待されます。メールマーケティングは、顧客との長期的な関係を築くための有効なツールです。広告や他のマーケティング手法に比べて、一度に大量の顧客に情報を送ることができるためコスト効率が良く、開封率やクリック率など、メールの反応を詳細に追跡してその効果を測定することが可能です。

手法5 PPC（ペイ・パー・クリック）広告

　Google や SNS 上で広告を表示し、その広告がクリックされるたびに料金がかかるシステムの広告です。クリックされない限りは料金がかからないので、興味を持った人にピンポイントで広告を届けることができます。1 日に使う予算の上限を決めたり予算を超えないような管理が簡単で、どれだけ効果があるかもすぐに分かり、広告を出す側にとってはとても便利です。この方法で、興味を持つ人々に商品やサービスを効果的に宣伝することができます。

第1章 》》》 ウェブマーケティングとビジュアルデザインの基本を知ろう

4 ビジュアルデザインとは？

　ビジュアルデザインとは、一言で言えば、視覚を通じて情報やメッセージを伝えるためのデザインのことです。私たちの周りにあるウェブサイト、アプリ、広告、ポスターなど、目に見えるあらゆるものがビジュアルデザインの対象となります。ビジュアルデザインの目的は、見た目が魅力的で、わかりやすく、記憶に残るデザインを作ることです。単に見栄えが良いだけでは不十分です。ビジュアルデザインは、ユーザーの体験を向上させ、メッセージを効果的に伝えるための重要な手法でもあるのです。ウェブマーケティングの分野では、オンライン上で顧客の注意を引き、興味を持ってもらい、行動を促すために、戦略的なビジュアルデザインが欠かせません。ビジュアルデザインを構成する主な要素は次の5つがあります。

第1章 >>> ウェブマーケティングとビジュアルデザインの基本を知ろう

5 ビジュアルデザインの 主な5つの要素

要素1 色彩

　色は、人々の感情や反応に大きな影響を与える力を持っています。例えば、赤は情熱や緊急性を示すことが多く、青は信頼性や落ち着きを表すことが一般的です。ウェブマーケティングにおいては、色を戦略的に使用することで、ブランドの性質やイメージを効果的に伝えることができます。

要素2 形状

　形状は、円や四角形などの基本的な図形から構成されています。円は柔らかさや親しみやすさを表すのに適しており、四角形は安定感や信頼性を示すのに用いられることが多いです。形状を適切に使い分けることで、ウェブサイトや広告が伝えたい感情や特性を視覚的に表現できます。

要素3 画像とアイコン

　言葉だけでは伝えきれない感情や雰囲気を、画像を使って視覚的に表現することができます。また、インフォグラフィックのように、データや情報をわかりやすく可視化することで、複雑な内容も理解しやすくなります。アイコンは、ウェブサイトやアプリのナビゲーションの重要な働きをし、ユーザーが必要な機能や情報へ素早くアクセスできるようにします。

要素4 タイポグラフィ

　タイポグラフィは、文字を使って情報を伝える方法のことです。ウェブページや広告などの文字のスタイルや配置を読みやすいフォントを選んだり、文字の大きさ、色、行間（行と行の間の距離）など適切に調整と文字の見せ方を工夫することで、メッセージを効果的に伝えることができます。

活動5 レイアウト

　レイアウトは、ウェブサイトやアプリの見た目と使いやすさを大きく左右します。情報の優先順位を考えて配置したり、重要な要素を目立たせたり、適度な空白を設けたりすることで、見やすく使いやすいデザインを作り出せます。優れたレイアウトは、ユーザーに良い印象を与え、満足度の高い体験を提供します。

第1章 >>> ウェブマーケティングとビジュアルデザインの基本を知ろう

6 画像生成 AI とは？

「画像生成」という言葉を聞いて、どんなイメージが思い浮かぶでしょうか？絵を描くことが得意な人なら、自分の手でキャンバスに絵の具を塗り、思い描いたイメージを形にするかもしれません。デザインの専門家であれば、コンピュータ上で画像編集ソフトを駆使し、様々な素材を組み合わせてビジュアルを作り上げるでしょう。近年、AI技術を使って画像やイラストを自動で生成する方法が注目を集めています。この技術が、「画像生成AI」です。画像生成AIは、言葉（テキスト）で説明したものを、わずか数秒で画像に変換してくれる革新的なツールです。

例えば、「青い空と白い雲が広がる美しい海辺の風景」というテキストを入力すると、まるでその情景を写真に収めたかのような画像が生成されます。あなたの頭の中にあるイメージを、言葉で説明するだけで視覚化できるのです。画像生成AIを使用する際に入力するテキストのことを、「プロンプト」と呼びます。プロンプトに含まれる言語情報を手がかりに、AI技術がそれをビジュアルな形式に変換します。

プロンプトは、AIに対する一種の「指令書」のようなものです。プロンプトの内容によって、生成される画像の質やスタイルが大きく変わってきます。プロンプトの質は、生成される画像の質に直結します。明確で詳細なプロンプトを与えることで、AIはより正確で意図に沿った画像を生成することができます。具体的な例では、

1. **画像の主題や被写体**（例：「猫」、「夕日」、「都市の風景」など）
2. **画像のスタイルや雰囲気**（例：「水彩画風」、「写実的」、「ファンタジー」など）
3. **構図や視点**（例：「クローズアップ」、「俯瞰図」など）
4. **色調や照明**（例：「暖色系」、「ハイコントラスト」など）

　これらの要素やキーワードを組み合わせてプロンプトを作成することで、多種多様な画像を生成でき、同じプロンプトでも生成されるたびに微妙に異なる画像が作り出されます。そのため、効率的に画像を複数生成する手間を省けます。さらに、プロンプトを工夫することで、思いつかなかったような斬新なアイデアを得ることもでき、創作の可能性を広げてくれます。

　画像生成AIの最大の利点は、画像制作にかかる時間を大幅に短縮できることです。一からイラストを描いたりデザインしたり専門的なスキルの必要がなく、短時間で見栄えの良いビジュアルコンテンツを作成でき、時間とコストの節約になります。画像生成AIは、アート、デザイン、マーケティング、教育など、様々な分野で活用できます。例えばデザインの分野では、ラフスケッチやコンセプトアートの作成に画像生成AIを用いることで、アイデア出しの効率を上げることができるでしょう。

　教育の現場でも、わかりやすい教材やプレゼンテーションの作成に活用できます。文章だけでは伝えにくい内容も、ビジュアルを交えることで直感的に理解してもらうのに効果的です。マーケティングや広告の分野では、モデルの人物、商品やサービスのイメージを素早く作り出し、顧客へのアピール力を高めるために画像生成AIが役に立ちます。言葉だけでは伝わりにくい商品の魅力も、実際に撮影をしなくても、AIで生成すれば効率的にビジュアルを作れます。このように、画像生成AIは、私たちの創造性を拡張し、新しい表現の可能性を切り開く頼もしいツールとして、大きな注目を集めています。

第1章 》》》 ウェブマーケティングとビジュアルデザインの基本を知ろう

7 画像生成 AI に関連する著作権（一般的なガイドライン）

　画像生成 AI に関連する著作権の取り扱いは、法律やガイドラインが発展し続けているため、常に最新の情報を確認することが重要です。AI によって生成された画像の著作権は、その AI を使用して画像を生成した人または組織に帰属することが多いです。一方で、AI 自体が『創作者』として認められるかどうかについては、まだ法的に議論が続いており、明確ではありません。AI が作る画像がどんなに高度化しても、AI を利用する人は、著作権や肖像権といった法律に注意してルールを守ることが求められます。ここでは画像生成 AI と著作権に関連する 5 つの一般的なガイドラインとエピソードを紹介します。

使用されるデータ

　AI が学習するために使用するデータ（画像、テキストなど）は、著作権で保護されていることが多いです。これらのデータを使用する際には、著作権侵害にならないよう注意が必要です。

派生作品

　AI によって生成された画像が、既存の著作権で保護された作品に基づいている場合、その画像は「派生作品」と見なされる可能性があります。これは、原著作権者の権利を侵害することになりえます。

商用利用

AIで生成された画像を商用目的で使用する場合、著作権上の問題が発生する可能性があります。特に、人物の顔やブランドロゴなどが含まれている場合は、肖像権や商標権を侵害しないように注意しましょう。

国による違い

著作権に関する規則は国によって異なります。そのため、AIで生成した画像を使用する際には、該当する国の著作権法や関連する規制を事前に確認することが重要です。

倫理的な問題

AIを使って画像を作成するときには、倫理的な問題に十分な配慮が求められます。たとえば、デマになるような誤解を招く画像の作成を避けることや、他者の作品を無断で使用せず尊重することなど、守るべきルールがあります。これらを無視することは、社会的な信頼を損ねるだけでなく、法的な問題にもつながる可能性があります。

エピソード1　AIアートのオークション売却

2018年に、GAN（Generative Adversarial Network）を使用して生成された絵「エドモンド・ド・ベラミ」がオークションで約43万ドルで落札されました。この出来事は、AIが作ったアートの価値と、その著作権が誰にあるのかについての大きな話題になりました。

エピソード2 AI 生成の偽画像が拡散

2024年2月23日（米国時間）、Google が開発している AI の Gemini の生成画像が「一部の歴史的描写における不正確さ」を修正するとして、人物の画像生成機能を一時停止しました。これは、歴史的事実ではない画像があったという指摘を受けてのことです。AI が生成した偽画像がソーシャルメディアで拡散され、多くの人が混乱したニュースが取り上げられました。こうした背景があり、Meta は 2024年2月5日（米国時間）、「Facebook」「Instagram」「Threads」で AI で生成された画像にラベルを付与する機能を開始すると発表しました。

▼ 代表的な画像生成 AI サービスのポリシー

Midjourney https://docs.midjourney.com/docs/terms-of-service
DALL-E https://labs.openai.com/policies/content-policy
Bing Image Creator https://www.bing.com/images/create/contentpolicy

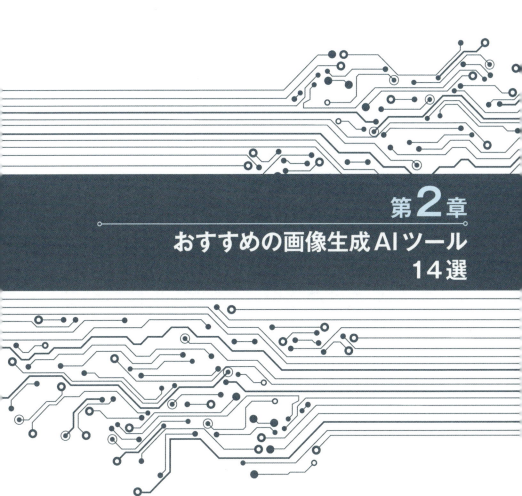

第2章
おすすめの画像生成AIツール14選

第2章　おすすめの画像生成AIツール　14選

1 Midjourney

提供元・リリース日	デビッド・ホルツ氏が開発（アメリカ）
料金体制	有料版のみ4つの月額プラン、ベーシックプラン：10ドル／月200枚、スタンダードプラン：30ドル／無制限・Fast Hours 15時間、プロプラン：60ドル／無制限・Fast Hours 30時間、メガプラン：120ドル／無制限・Fast Hours 60時間
著作権と使用許可	商用利用可能
プロンプト言語	英語指示推奨、日本語も可能だが英語で指示する方がより高品質な画像になる
画像生成AI技術	最新AI技術である拡散モデルと、独自のStyleGANの組み合わせを使用
特徴	Midjourney V6（2024年1月）から文字の生成機能が追加され、より詳細なプロンプトを使用して画像を生成できるようになった。写真と見間違えるほど鮮明で高品質な画像を作成することが可能。画像から画像生成に編集することもできる。風景画、人物画、静物画、抽象画、コンセプトアート、ロゴデザイン、Webサイトデザイン、製品デザイン、イラスト制作、アイデア探しなど、さまざまな用途に活用でき、すべての水準が画像生成AIモデルの中でトップクラス。

第2章 》》 おすすめの画像生成AIツール 14選

2 Canva

提供元・リリース日	Canva Pty Ltd（オーストラリア）
料金体制	無料版は月に50回利用可能、有料版から商用利用可能 月1,800円、年間18,000円
著作権と使用許可	商用利用可能
プロンプト言語	日本語指示可能、テキストを単語で区切って生成
画像生成AI技術	オンラインのデザインプラットフォーム、CanvaのAIフォトジェネレーター「マジック生成」、OpenAI「DALL・E」を使用
特徴	初心者に使いやすく、プロンプトの練習用におすすめ。何重もの安全対策に講じており、常に新しい機能が追加されている。最新のアプリツールが多くあり、画像生成AIで生成した画像を編集、デザイン、共有を簡単に行うことができるオールインワンツール。

23

第2章 >>> おすすめの画像生成AIツール 14選

3 Microsoft Bing Image Creator・Designer/Copilot

提供元・リリース日	マイクロソフト社
料金体制	無料版「Designer」1日あたり15ブーストを使用可能、有料版「Copilot Pro」1日あたり100ブースト使用可能
著作権と使用許可	無料版は商用利用不可、有料版は商用利用可能
プロンプト言語	日本語と英語対応（100以上の言語をサポート）
画像生成AI技術	OpenAIが開発したChatGPTと同じ「DALL-E 3」を使用
特徴	初心者に使いやすく、プロンプトの練習用におすすめ。無料版の画像サイズは1024 × 1024 jpgのみ、有料版は横長形式のAI画像も可能になる。

第2章 おすすめの画像生成AIツール 14選

4 SeaArt.AI

提供元・リリース日	シーアート株式会社（日本）STAR CLUSTER PTE. LTD.（シンガポール）
料金体制	無料版は毎日200回（画像枚数は約100枚）、有料版はより高度な画像生成可能、IP LITE/VIPは毎日200～700スタミナ獲得可能、「スタミナ」と「コイン」2種類の生成クレジット価格　2.99ドル～49.99ドル／月
著作権と使用許可	商業利用可能（著作権譲渡は禁止）
プロンプト言語	日本語プロンプト対応、英語プロンプトでも生成に大きな差はない
画像生成AI技術	Stable Diffusion技術が使用されている。Stable Diffusionは、ミュンヘン大学のCompVisグループが開発した潜在拡散モデル。
特徴	無料プランでも高品質な画像生成が可能で初心者に使いやすく、プロンプトの練習用におすすめ。英語が苦手な方でも簡単に利用することが可能。様々なモデルが用意されており、風景、人物、イラストなど、生成したい画像に合わせてモデルを選択やスマホでも使用可能。プロンプトが見れる作品例が沢山あり、アイデア出しや幅広いジャンルの画像生成に挑戦したい方にもおすすめ。生成した画像から3秒ほどのショート簡易動画の生成が可能。

第2章 》》 おすすめの画像生成AIツール　14選

5　Leonardo.Ai

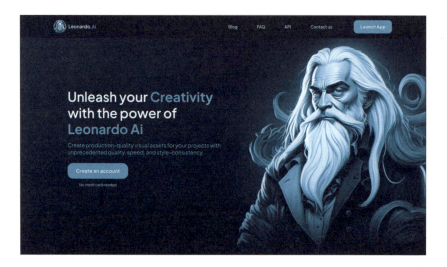

提供元・リリース日	Leonardo Interactive Pty Ltd（オーストラリア） 2022年11月3日 リリース
料金体制	無料版は毎日150トークン（画像枚数は約150枚）、有料プランはより高度な画像生成が可能　10ドル〜48ドル／月
著作権と使用許可	無料は商用利用可能、有料プランは商用利用可能
プロンプト言語	英語対応、日本語でプロンプト入力は可能ではあるが、生成される画像のクオリティが明らかに下がる
画像生成AI技術	独自のAI
特徴	無料プランでも商用利用可能で初心者に使いやすく高品質な画像生成が可能。プロンプトの練習用やプロンプトが見れる作品例が沢山ありアイデア出しにもおすすめ。様々なモデルが用意されており、ややファンタジー、アニメ寄りの絵柄が得意。風景、人物、イラスト、建築物など、様々なジャンルの画像生成が可能。静止画から4秒ほどの滑らかなショート簡易動画の生成も可能。

第2章 >>> おすすめの画像生成AIツール 14選

6 Adobe Firefly

提供元・リリース日	Adobe社 2023年9月13日 正式リリース
料金体制	無料版は毎月100の生成クレジット。 有料版はプレミアムプラン680円/月
著作権と使用許可	Adobe Expressにおいて商用利用可能。Adobe Creative Cloudのアプリでも商用利用可能。使用条件は著作権や肖像権などの権利を侵害していないこと。公序良俗に反するものでないこと。
プロンプト言語	日本語対応、100以上の言語対応
画像生成AI技術	Firefly Image 2 モデル、Google AI の BigGAN モデルがベース
特徴	Adobe Fireflyは日本語に対応しているので、英語が苦手な方でも簡単に利用することが可能で初心者に使いやすい。Adobe製品と連携してデザイン制作を行いたい方におすすめのサービス。テキストから画像を生成したり、テキストと画像から新しいコンテンツを生成するための AI ベースのツール。画像生成だけでなく、高度な編集機能も備えている。

第2章 》》 おすすめの画像生成AIツール　14選

7 Adobe Express

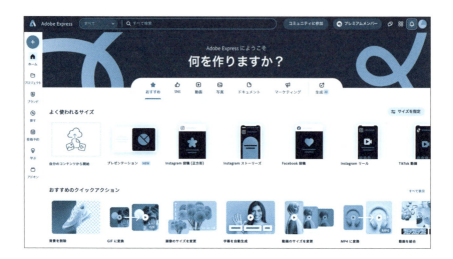

提供元・リリース日	Adobe社 2022年10月リリース
料金体制	無料版と有料版プラン／1,180円／月　Adobe Creative Cloud の一部プランを利用の場合は、追加料金なしで Adobe Express のプレミアムプランが利用できる。
著作権と使用許可	2023年9月 商用使用可能。体験版（NFR）で制作したデザインは全て商用利用不可。Adobe Express以外でダウンロードした素材については、その提供元の利用規約など要確認。
プロンプト言語	日本語対応、100以上の言語対応
画像生成AI技術	OpenAI の DALL-E 3 モデルがベース
特徴	無料プランでも豊富な機能を利用できる。初心者からプロまで画像生成AIからデザイン、編集、共有を簡単に行えるオールインワンでできるツール。画像の切り抜き、色彩調整、テキスト入力、テンプレートを使って画像や動画をすばやく簡単に編集とデザインが行える。音楽追加機能や動画をYouTubeにアップロードも可能。Adobe Creative Cloudのサブスクリプション契約がなくても利用でき、Adobe Creative Cloud ユーザーは全てのテンプレートと機能を利用可能。Adobe Firefly とも連携しているため、より高度な編集やデザインにも最適。

第2章 》》 おすすめの画像生成AIツール 14選

8 ChatGPT with DALL-E 3

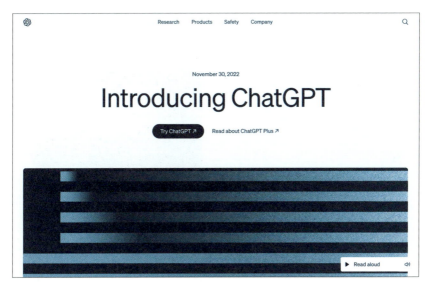

提供元・リリース日	Open AI社 DALL-E 3 ／ 2023年12月20日公開
料金体制	月額20ドル、日本円約3,000円
著作権と使用許可	無料版は画像生成不可、有料版から画像生成対応で商用利用可能
プロンプト言語	日本語対応
画像生成AI技術	OpenAIが開発した大規模言語化AI（LLM）モデル DALL-E 3
特徴	ChatGPTとDALL-E 3という2つのAIモデルを組み合わせることで、テキストベースのプロンプトから高品質な画像をチャット形式で生成することができる。DALL-E 3は、非常に高品質な画像を生成することができ、写真と見分けがつかないようなリアルな画像を生成することも可能。GPTs（Consistent Character GPT）でキャラクターの画像生成ができる。生成できる画像サイズは3種類（正方形、横長、縦長）。

第2章 >>> おすすめの画像生成AIツール 14選

9 Microsoft Copilot

提供元・リリース日	マイクロソフト社　2023年11月1日リリース（米国時間）、Copilot Pro リリース 2024年1月15日（日本時間）
料金体制	無料版／1日30ブースト、有料版：月額3200円／1ライセンス（法人可能）　Designer／1日100ブースト
著作権と使用許可	無料版は商用利用不可、有料版は商用利用が可能になる場合があり、詳細をMicrosoftの公式サイトで要確認。 Microsoft Copilot 公式サイト https://www.microsoft.com/ja-jp/microsoft-copilot
プロンプト言語	日本語対応
画像生成AI技術	OpenAIが開発した大規模言語化AI（LLM）モデル DALL-E 3
特徴	Microsoftが「Bing」に「GPT-4」が搭載。有料版ではMicrosoft 365アプリ上でCopilot Proを利用できGPT-4を無制限に活用できる。有料版はピーク時にGPT-4およびGPT-4 Turboへ優先的にアクセスと、DALL-E 3で横長形式のAI画像を「Designer」より迅速に生成が可能になる。また生成した画像に生成した音声をつけることも可能。 ChatGPTの有料版と料金がほぼ同じで、Microsoftユーザにおすすめ。 Copilot Pro（Microsoft 365 Personal または Microsoft 365 Family）

第2章 》》》 おすすめの画像生成AIツール 14選

10 Gemini

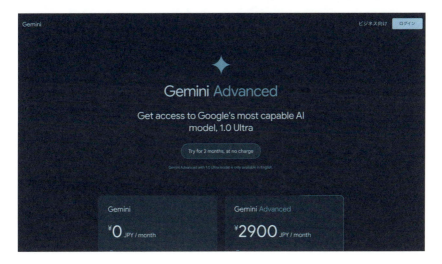

提供元・ リリース日	Google社 2024年2月8日 Gemini リリース
料金体系	Gemini（旧：Bird）、有料版：Gemini Advanced（プレミアムプラン）月額2,900円・2ヶ月間の無料トライアル　支払方法：クレジットカードまたはGoogle Pay
著作権と使用許可	無料版は商用利用不可、有料版は商用利用が可能になる場合があり、詳細をGoogleの公式サイトで要確認。
プロンプト言語	英語のみ対応
画像生成AI技術	Imagen2モデル、Googleレンズ
特徴	チャット形式で画像を生成する。通常モデル「Gemin」と、有料版にはGemini「Ultra」「Pro」「Nano」の3種類のモデルがある。GeminiはGPT-3.5、Gemin Ultra は GPT-4 に匹敵し、Google最高峰AIモデル 1.0 Ultra にアクセス可能の他、Googleのスプレットシートや2TBのストレージなど Googleのサービスと連携して使うことができる。Google Meetの追加機能やGoogleショッピング10％OFF特典などGoogleユーザにおすすめ。モバイル版のGoogleアプリでも使用できる。

第2章 》》》 おすすめの画像生成AIツール 14選

11 Claude 3

提供元・リリース日	Anthropic社（OpenAIの元メンバーによって設立） 2024年3月4日公開
料金体制	Claude 3 Opus（オパス）月額2,800円
著作権と使用許可	未定
プロンプト言語	日本語対応
画像生成AI技術	Anthropicが開発する大規模言語化AI（LLM）
特徴	史上最も性能が優れている大規模言語モデルという評価もあり、GPT-4の数値を越える性能を持ち、IQが100を超えると言われている。3つのモデル「Claude 3 Haiku」「Claude 3 Sonnet」「Claude 3 Opus」があり、「Claude 3 Opus」は最も知能が高く様々な文体の日本語を駆使できる生成AI。「Claude.ai」のチャット型AIを使って画像認識機能を利用可能。テキストから画像を生成することは不可。 引用：Introducing the next generation of Claude https://www.anthropic.com/news/claude-3-family 引用：https://www.maximumtruth.org/p/ais-ranked-by-iq-ai-passes-100-iq

第2章 〉〉〉 おすすめの画像生成AIツール 14選

12 Filmora（動画編集・動画生成 AI）

提供元・ リリース日	Wondershare Technology 社（中国） 最新バージョン13（2023年11月8日リリース）
料金体制	100クレジット、有料版：1年間 月額6,980円無制限、マルチプラット1年間プラン 月額6,980円無制限、永続ライセンス 月額8,480円無制限＋新バージョン
著作権と使用許可	生成された画像は商用利用可能。Filmora 個人プランはすべての機能を商用利用可能だが音楽や効果音、テンプレートなどは含まない。Filmora ビジネスプランはすべての機能に加え、商用利用可能な音楽や効果音、テンプレートなどが含まれる。
プロンプト言語	日本語対応
画像生成AI技術	動画編集ソフト Filmora にChatGPT API搭載
特徴	画像生成AIから動画編集まで利用することができ、初心者でも簡単に動画編集を始められる。直感的な操作画面と豊富な編集ツールを備えた動画編集ソフト。テキストから動画を編集、AI音楽ジェネレーター、AIサムネイルエディター、AIボーカルリムーバーなどAI機能が搭載されており、音楽ブログやSNSの投稿画像、プレゼンテーション資料の画像、印刷物用の画像として幅広く利用可能。

第2章 》》 おすすめの画像生成AIツール 14選

13 Sora（動画生成 AI）

提供元・ リリース日	OpenAI社 2024年2月15日（米国時間発表）未リリース（2024年5月20日現在）
料金体制	-
著作権と使用許可	-
プロンプト言語	日本語対応
画像生成AI技術	OpenAI
特徴	最大1分ほどの動画をテキストから超高品質の動画に生成することが可能。現実と見分けがつかないほどリアルで高精細な動画を一瞬で生成でき、画像生成、画像修復、スタイル変換、異なる解像度で動画出力、既存の画像からのビデオ生成、ビデオからビデオへの出力生成機能がある。

第2章 》》》 おすすめの画像生成AIツール 14選

14 Llama 3

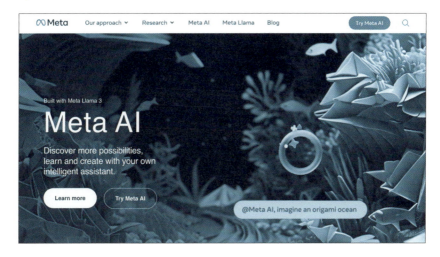

提供元・リリース日	Meta社 2024年4月15日（米国時間発表）日本未公開（2024年5月20日現在）
料金体制	－
著作権と使用許可	商用利用可能
プロンプト言語	－
画像生成AI技術	－
特徴	オープンソースの大言語モデルで無料で誰でも使えて商用利用でも可能。オープンソースなので他のサービスと連携して活用できる。モデルには、8Billion（80億）パラメーター、70Billion（700億）パラメーター、今後400Billion（4000億）パラメーターがリリース予定。Facebook、Instagram、WhatsApp、Messengerといった主要なSNSプラットフォームで利用可能で、画像生成は文字が入力されるたびに高速で画像生成する「Imagine機能」がある。

▼ 画像生成ツール比較表

ツール名	特徴	無料	商用利用可能	無料で商用利用可能な画像生成
Midjourney	リアルな画像生成ツール	–	月額$10〜	×
Canva	グラフィックデザインツール、画像生成	無料	月額1,800円	×
Microsoft Designer/ Copilot	画像生成、大規模言語モデル	無料	月額3,200円	×
SeaArt.AI	アニメ風の画像生成ツール	無料	月額$2〜	○
Leonardo.Ai	3D画像生成ツール	無料	月額$10〜	○
Adobe Firefly	AI技術を用いた画像生成ツール	無料	月額680円	×
Adobe Express	グラフィックデザインツール、画像生成	無料	月額1,180円	×
ChatGPT with DALL-E 3	大規模言語モデル、画像生成	–	月額$20〜	×
Microsoft Copilot	大規模言語モデル、画像生成	無料	月額3,200円	×
Google Gemini	大規模言語モデル、画像認識機能、画像生成	–	月額2,900円	×
Claude 3	大規模言語モデル、画像認識機能	–	月額$20〜	–
Filmora	動画編集ツール、大規模言語ツール、画像生成	無料	年間6,980円	×
OpenAI Sora （未リリース）	リアルな動画生成ツール	–	–	–
Llama 3 （未リリース）	大規模言語モデル、高速画像生成	無料	–	○

※各ツールの機能や料金の情報は2024年5月20日時点のものであり、変更される可能性があります。

第3章
SNSに画像生成AIを活用する【初級編】

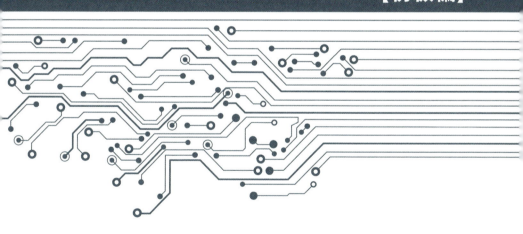

第3章 ≫≫ SNSに画像生成AIを活用する【初級編】

1 SNS別 ユーザー層と戦略

Instagram

　Instagramのユーザー層は、若年層（特に18歳から29歳）の利用率が非常に高く、ビジュアルコンテンツへの関心が強いです。ファッション、旅行、料理、アートなどのカテゴリーが特に人気です。ターゲット層に合わせたデザイン、高品質な写真、イラスト、動画などの視覚的な要素を使って、物語や情報を伝えコミュニケーションを行います。ぱっと見た瞬間に、見やすさ認識しやすさ、読みやすさがあることが重要なポイントです。インフルエンサーとのコラボレーション、ストーリーズやリールを使って、トレンドを追いながらリアルタイムでエンゲージメントを高めることが効果的な戦略方法です。

TikTok

　TikTokは特にZ世代に大人気で、面白くて新しいトレンドやオリジナルな内容の短い動画が好まれます。音楽やダンス、笑える内容の動画がよく見られます。TikTokで流行っているコンテンツで挑戦するとバズりやすく、多くの人に見てもらえるチャンスがあります。新しいトレンドにすぐに乗ること、魅力的な動画を定期的に投稿することがフォロワーを増やし、つながりを深める秘訣です。

Pinterest

　ユーザー層は、新しいアイデアやインスピレーションを求めている女性やトレンドに敏感なユーザーが多く、インテリア、デザイン、ファッション、

料理、DIY などへの関心が高いです。現在のトレンドや季節に合わせたテーマのピンを作成すると関心を引きやすくなります。画像の品質にこだわることがポイントで、プロフェッショナルな印象のあるオリジナルのサムネイル、ターゲット層に合わせたコンテンツを投稿することで、より多くのユーザーにリーチできます。また、画像や動画にリンクをかけることもでき、SEO対策も戦略の一つとして意識するといいでしょう。

YouTube

　全年齢層にわたり利用されていますが、特に18歳から34歳のユーザーが多く、教育、エンターテイメント、動物癒し系、ハウツー動画への関心が高いです。ショート動画とロング動画を定期的な投稿スケジュールで投稿し、視聴者との関係を築きます。コメント欄やライブストリーミングで直接コミュニケーションを行います。

　視聴者の目に触れる効率的な戦略としては、ショート動画でアルゴリズムの表示回数を増やしてロング動画に繋げてチャンネル登録してもらう方法があります。

Facebook

　ユーザー層は、比較的年齢層が高めで、情報収集や友人・家族とのコミュニケーションツールとして利用されています。地域コミュニティや特定の興味関心を持つグループへの参加も多く利用されています。Facebook で最も高いエンゲージメント投稿は、1 位 リアルタイムでのライブビデオ、2 位動画、3 位 画像という調査結果をFacebook が公開しています。そのため特にライブビデオを意識するといいかもしれません。また、トレンド、ハウツー投稿、ガイド記事などをシェアすることでエンゲージメントを高めます。地域や興味に基づくターゲット広告も戦略の一つです。

第3章　SNSに画像生成AIを活用する［初級編］

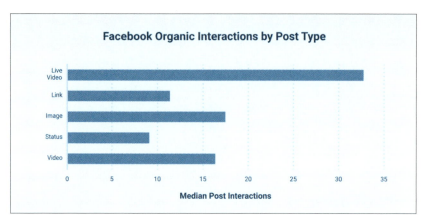

グラフ画像　出典：ソーシャルベイカーズのデータ
Source: Socialbakers data
Emplifi: How to Increase Your Facebook Organic Reach
https://emplifi.io/resources/blog/facebook-organic-reach-tips

株式会社MM総研：ソーシャルメディア利用動向調査
https://ictr.co.jp/report/20220517-2.html/

X（旧 Twitter）

　X（旧：Twitter）は幅広い年齢層に使われていますが、特に情報を迅速に得たいユーザに人気があります。若者から大人まで、ニュースやトレンド、興味のある分野の最新情報を求めるユーザーが多く、政治、エンターテイメント、スポーツなど様々なトピックに関する意見交換の場の利用、関連するハッシュタグを使うことで、特定のトピックに興味があるユーザーにリーチしやすくなります。

第3章 ≫ SNSに画像生成AIを活用する【初級編】

2 画像系コンテンツ

① Instagram の魅力的なサムネイル

　Instagramでは、視覚的魅力が非常に重要になります。目を引くサムネイルを作成するには、投稿するコンテンツのテーマやメッセージに合ったデザインで「一貫性を作る」ことがポイントです。一貫したイメージにすると、その世界観やブランドイメージを強調しアピールできます。例えば、サムネイルを作成するときは、ブランドカラーを1つか2つ決めてカラーを統一したり、季節感を統一したりするといいでしょう。フォントは複数の種類を使用せずに1種類のフォントだけを使うと、一貫性が作れます。

Midjourneyによる季節別の一貫した背景画像生成

プロンプト例

「A set of spring social media templates with a beautiful fall background and copy space, in the style of high resolution, high details, green young leaves colors, Brilliant light, real photo」

サムネイルをデザインする2つ目のポイントは、世界観を具現化することです。まずは、テーマを決めて、そのテーマの世界観をユーザーがどんなふうにイメージして欲しいか描いてみましょう。例えば、フォントを手書き風のものを選んで親しみ感を出したり、爽やかなイメージにしたい場合は、投稿の雰囲気や色合いをパステル調にしたり、個性、スタイルに合わせましょう。画像生成AIを使うときは、プロンプトにブランドカラーやテーマに関連したキーワードを入力するといいでしょう。生成した画像はCanva、Adobe Expressなどの編集ツールのアートボードに配置した後は、テキストの追加や、素材ライブラリから追加素材を入れるなどして、サムネイルに情報や装飾を加えます。画像の背景を工夫したり、明るさや彩度を調整することも、ビジュアルの印象を大きく変えることができます。

　サムネイルの作成例としては、Canvaではシンプルながらもインパクトのある単色背景に白抜き文字を配置したデザインや、明るくカラフルな背景に配置されたテキストが目を引くデザインがあります。Adobe Expressでは、旅行の美しい風景や美味しそうなグルメ、色鮮やかな料理の盛り付けやレシピを表現した画像など商品やサービスをアピールして、Instagram投稿を際立たせるサムネイルを作成してみてください。

② Facebook・Xの目を引くサムネイル

　Facebook・Xのサムネイルは、イベント広告などに必要になる他、ブログやコンテンツのアイキャッチ画像として連動します。そのため、内容が一目でわかり、目を引くデザインを心がけることが視聴数アップに直結します。スマホ画面でも視認しやすいように文字サイズを大きく保ちつつ余白を十分に取りましょう。Facebook特有のアドバイスとしては、1200px × 630pxの横長フォーマットを推奨し、テキスト量を控えめにすること。ブランドロゴやプロフィール画像を挿入してブランド認知度を高めるのもおすすめです。そして、ターゲット層の特性に合わせたデザインを心がけることがポイントです。Facebook広告を利用する場合は、広告の目的やターゲット層に

合わせたサムネイルを作成する必要があります。

　X 特有のアドバイスとしては、1280px × 720px の横長フォーマットを推奨し、テキスト量が短い投稿に、視聴者の注意を引くために投稿内容に関連する目を引くサムネイル画像にすることで注目され共有されやすくなります。X もスマホ画面でも視認しやすいサムネイルにすることが大事です。Canva などのオールインワンツールには、各 SNS の投稿サイズに合わせて同時に保存もできるので活用して作業を効率化しましょう。

　サムネイルの作成例としては、投稿内容をわかりやすく伝える、興味を引く投稿にする、投稿内容の雰囲気を表現するように意識しましょう。注目を集めるためには、プロンプトに投稿の内容にマッチしたイメージを作成すること、生成された画像の中から目的に最も合致するものを見極めて、そして必要に応じて編集します。これらのステップを踏むことで、投稿内容を強調し、視聴者の注意を引きつける効果的なサムネイルができます。画像生成 AI を上手に活用し、目的や雰囲気に合わせた魅力的なサムネイルを制作することで、SNS への投稿を効率的に行いましょう。

③ Pinterest の目を引くサムネイル

　Pinterest は、画像を中心とした SNS プラットフォームです。他の SNS と比べ、ビジュアルにより重点が置かれているため、ひと目でわかる魅力的な画像を使うことが非常に重要になります。

　Pinterest で効果的な画像を作成するためには、いくつかのポイントがあります。まず、鮮やかで目を引くような高解像度の画像を使うことが大切です。ぼやけた画像では、ユーザーの注意を引くことができません。また、Pinterest では画像にテキストを入れないことが推奨されています。テキストを入れずにビジュアルだけで情報を伝えることで、よりシンプルで洗練された印象を与えることができるのです。さらに、ブランドの視点やアイデアを表現した独自性のある画像を作成することも重要なポイントです。ブランドの要素を統一することで、視覚的なブランド認知を高めることができます。

Pinterestのフィードでは、スマートフォン表示しやすい縦長の画像が目立ちやすく、より多くのスペースを占めることが可能です。推奨されているアスペクト比は2:3（例：600x900ピクセル）です。

　画像生成AIを使って画像を作成する際は、このアスペクト比を指定することで、Pinterestに最適化された画像を簡単に生成することができます。

▼ **Midjourneyによる画像生成**

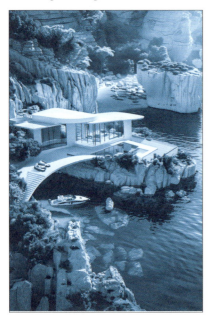 

第3章　SNSに画像生成AIを活用する【初級編】

第3章 >>> SNSに画像生成AIを活用する【初級編】

3 サムネイルに使える画像生成AIツール使い方

1. Midjourney

　Midjourneyは、画像生成AIサービスの中でも最先端の高度な技術を使用した画像生成AIサービスです。誰でも簡単に操作ができることや、シンプルなテキストプロンプトを入力するだけで、まるでプロのアーティストが描いたような美しい絵、リアルな画像を作ることができます。さまざまなスタイルやテーマに対応しており、デザイナー、アーティスト、ライター、起業家などあらゆる分野のクリエイターにとって、アイデアを視覚化するための非常に頼もしいツールです。Midjourneyのユーザー登録方法、使い方、生成の手順、基本操作、よく使うスラッシュコマンド、パラメーターなどの操作方法やルールについて解説します。

① Discordでアカウントの作成とユーザー登録

1. Midjourneyは、コミュニティーアプリ「Discord」上で利用する画像生成AIです。まず、Discordの公式ウェブサイト（https://discord.com/）にアクセスして、アカウントを作成します。

2. Discordのアカウントを作成したら、Midjourneyのベータ版に参加します。Midjourneyの公式サイトにアクセスし、「Join the Beta」ボタンをクリックします。

3. Midjourneyのベータ版に参加すると、DiscordでMidjourneyのチャットルームに招待されます。招待されたチャットルームで実際に画像を作ることになります。

▼ **ルールとガイドラインの確認**

　コミュニティガイドラインでは、Discordで禁止されている行為や、注意が必要な行為などについて確認することができます。コマンドの使い方や制限事項などが含まれていますので、サーバーに参加後はルールやガイドラインを確認しましょう。

Midjourney Terms of Service
https://docs.midjourney.com/docs/terms-of-service

② Midjourneyの有料プランへの加入方法

　Midjourneyは、有料プランしかないので有料プランに加入する必要があります。（2024年5月20日現在）

1. Discordのアプリまたはウェブブラウザから、Midjourneyのチャットルームに参加します。

2. チャットルームに参加したら、左側にある「#newbies-○○」のチャンネルを選択します。

3. 画面の下にあるチャット入力欄に「/subscribe」と入力してenterを押します「Manege Account」のボタンが出てくるのでクリックします。

4. Discordからプランの申し込みの他のサイトに飛びます。無事に有料プランに入るとMidjourneyで画像を生成することができます。

③ 画像生成のプロンプト指示

　Midjourneyを使用する際は、英語プロンプトで内容を具体的にコンマで区切って指示することが重要です。書き出したいイメージを先にプロンプトで指示することで、より自分のイメージに近づき独自性の高い画像を作成できます。Midjourneyの最新バージョンであるV5.2とV6を比較すると、肌の質感がほとんど本物に近くなり、笑顔の表情もより自然に表現されるようになりました。また、AIが苦手とする「手」の生成も、問題なく自然に行えるようになっています。V6から大幅にアップデートして、画像に文字を入れることもできるようになりました。例えば、Tシャツやグッズの画像に自然な形で文字の適用が可能です。この機能はウェブサイトの商品詳細ページ用の画像やプレゼン資料などにとても便利です。Midjourneyは頻繁にバージョンアップが行われており、今後もプロンプトテクニックの向上や画面表示の変更など、高度な画像生成が可能になることで期待されます。

▼ Midjourneyのプロンプトの入れ方

1. Discordのアプリまたはウェブブラウザから、Midjourneyのチャットルームに参加します。

2. チャットルームに参加したら、左側にある「#newbies-○○」のチャンネルを選択します。

3. 画面の下にあるチャット欄に「/imagine」と入力して、スラッシュコマンドの一覧を表示します。

4. 「/imagine prompt:」の後ろに、画像生成のプロンプトを英語で入力します。それぞれの項目はコンマで区切ります。(＿＿＿ , ＿＿＿ , ＿＿＿)

5. プロンプトの入力後、画像が生成されます。

Midjourney の使い方

▼ **Midjourney の基本操作**

1. 画像の生成：チャット欄に「/imagine」と入力してEnterを押した後、プロンプトを入力します。4枚の画像が生成されます。

2. 画像の編集：生成された画像は、画面の右上にある「受信ボックス」の中やディスコードに表示します。

3. 画像の保存：生成した画像の上を右クリックで「名前を付けて保存」で保存します。

生成した4枚の画像の下に、「U1」「U2」「U3」「U4」「更新」、「V1」「V2」「V3」「V4」と9つのボタンが並んでいます。U1～U4は、画像の左上から順に指定した番号の画像を高解像度化する機能です。V1～V4は、画像の左下から順に指定した番号の画像を基にして更にバリエーションが生成されます。「更新」のボタンは、同じプロンプトで新しく4枚の画像を作り直せます。何度も押せば異なる結果が得られますが、今ひとつ物足りない場合は、初めから違うプロンプト入力する方が良い結果が得られる場合もあります。

▼ **Midjourney チャットルーム画面と設定場所**

▼ 画像生成のポイント

- 画像生成したい内容をシンプルに短めに入力するとより良い画像が生成されます。
- 画像の品質を調整するには、設定パネルの「基本設定」と「高級設定」を使用します。設定パネルを開くには、チャット欄に「/settings」と入力します。
- 画像の生成に時間がかかる場合があるので、しばらく待ちます。

▼ プロンプト指示内容のポイント

- 画像のテーマや内容を指示
- 画像の雰囲気や色調を指示
- 画像のサイズや向きを指示

▼ よく使うスラッシュコマンド

- /imagine：画像の生成
- /settings：設定パネル
- /describe：アップロードした画像をプロンプトに変換する機能
- /subscribe：自分のサーバーを表示する、プランの選択の確認等
- /help：ヘルプを表示する

▼ よく使うパラメータ

- --ar：画像のアスペクト比
- —no：不要な要素を消す
- --version --v —niji　バージョン、描画スタイル
- --stylize --s：スタイリッシュさ　デフォルト値「100」、範囲「0〜1000」
- --weird --w：芸術性　デフォルト値「0」、範囲「0〜3000」

実際に、バージョン5.2　とバージョン6.0による画像生成を比較したものです。

> **プロンプト指示**
>
> /imagine prompt: beautiful Japanese office woman on a computer with a happy smile, wearing a formal black suit, working in an office background
>
> **翻訳**：上記を日本語プロンプトにすると、「幸せな笑顔でコンピューターを操作する美しい日本人女性、フォーマルな黒のスーツを着ている、オフィスの背景で働く」

▼ バージョン5.2

▼ バージョン 6.0 の生成画像

▼ 画像に文字を入れるプロンプト方法

　Midjourney バージョン6.0から画像に文字の適用が可能になりました。文字を入れるときのポイントは、プロンプトの最後に「--v 6.0」と入力することと、パラメーター「--stylize」や「--s」の値を下げることです。こうすることで、文字を反映されやすくなります。「--stylize」は、芸術性を調整するパラメーターで、stylizeの値が低いと、芸術性が低くなりプロンプトに近い画像が生成されますが、stylizeの値を上げると芸術性が高い画像が作成されます。デフォルト値は100で、0 〜 1000の値で指定ができ調整します。パラメーター「 --style raw」でも文字を入れやすくなります。画像に入れる文字は　プロンプトの　"＿＿＿＿" の中に入れます。

実際に、Tシャツ、キャップ帽子、マグカップ別に画像に文字入れて生成します。

Tシャツのプロンプト指示

「a girl is white T-shirt that says, "DESIGN" --v 6.0 --stylize 20」

右上の画像がより自然な感じに文字が入っています。また、入れる文字の意味も画像生成に影響されます。

― キャップ帽子のプロンプト指示 ―

「cap, "DESIGN" --v 6.0 —style raw」

― マグカップのプロンプト指示 ―

「Mag, "DESIGN" --v 6.0 —style raw」

2. Microsoft Bing Image Creator・Copilot/Designer

MicrosoftのBing Image Creator「Designer」に関するアカウントの作成方法、利用手順、基本操作などを詳しく説明します。さらに、Microsoftが展開する別のAI画像生成サービスであるCopilot Proに登録している場合、Designerのプレミアム機能にアクセスできる点についても紹介します。

① Designer のアカウント作成

Designerは、Microsoft Bingの検索エンジンに統合されている機能で、検索エンジンやBingの検索バーから「Designer」やそれに関連するキーワードを検索することで、ウェブブラウザを通じて簡単に利用できます。このツールを利用するためにはMicrosoftアカウントが必要です。もし、まだお持ちでない方は、Microsoft Bingのウェブサイト（https://www.bing.com/images/create）にアクセスして、アカウントを作成しましょう。

② 使用条件の確認

Copilot/Designer を使用する前に、利用規約やプライバシーポリシーを確認しましょう。現在（2024年5月20日）のところはまだ無料で使えますが、AI技術は日々進化し更新を続けているため、この先有料になる可能性があります。どのような種類の画像を生成できるか、どのような用途に利用できるか、使用条件などの情報を確認しましょう。

Copilot AI Experiences利用規約
https://www.bing.com/new/termsofuse?FORM=GENTOS

③ 使い方1　画像生成を作成する

　Copilot/Designer では、画面上部にある入力バーに、生成したい画像の説明を記述します。このテキストは簡潔な英語であるほど、より精密なイメージ生成になります。日本語入力も可能ですが、英語でのプロンプト入力が推奨され、それにより高品質の画像が得られる傾向にあります。「作成」ボタンをクリックすると、4枚の画像が生成されます。

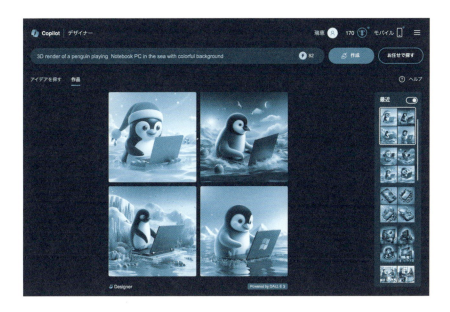

④ 使い方2　アイデアを探す

　ホーム画面には「アイデアを探す」という機能があり、様々な生成済み画像が展示されています。展示されている画像をクリックすると、その画像を生成するために使われたプロンプトを確認できます。プロンプトの内容を参考にしたり、一部を変更したりすることで、自分の希望に沿った画像を作成できます。具体的な画像のイメージが思い浮かばない場合や、プロンプトの書き方に悩んでいる時は、この機能を活用すると良いでしょう。

⑤ 使い方3　お任せで画像生成する

　「お任せで探す」機能は、英語のプロンプトを自分で考えるのが難しい場合に便利です。また、プロンプトの書き方を学ぶための練習にも活用できます。自動生成されたプロンプトを見ることで、どのような単語や表現を使えば良いのかがわかります。

　入力バーの右側にある「お任せで探す」ボタンをクリックすると、質問文が自動的に英語のプロンプトに変換されます。このボタンを再度クリックすることで、質問の内容を変更することが可能です。また、プロンプトのテキストを手動で編集してから「生成」ボタンを押し、画像を作成することもできます。

⑥ 使い方4　スマホアプリで使う

　スマートフォンアプリでもAI画像生成が可能です。Bing AIアプリを開いて「Copilot/Designer」を選択すれば、PCと同じように希望する画像を作成できます。スマホアプリは、外出先やちょっとした空き時間にも利用できるため、とても便利です。特に、SNSに投稿する画像を作りたい場合は、スマホアプリが活躍します。その場ですぐに画像を生成し、投稿することができます。また、スマホで撮影した写真をアップロードして、それをベースに画像を生成することも可能です。Bing AIのスマホアプリを使えば、いつでもどこでも創造的な画像を作り出せます。

⑦ 画像を保存と共有

　気に入った画像ができたら、その画像を保存したり共有したりすることができます。画像をコンピュータに保存するためには、「ダウンロード」をクリックしましょう。また、「保存」を選択すると、画像がMicrosoft Bingクラウドにアップロードされます。クラウド上に保存しておけば、他のデバイスからもアクセスできるため便利です。「共有」オプションを使えば、作成した画像を他者と共有することができます。共同作業をしている場合や画像を見せたい時に役立ちます。

3. SeaArt.AI

　SeaArt.AIでは、商用目的での利用も可能な無料版と有料版を提供しています。Stable Diffusion技術を利用しておりモデルやLORAの選択、細かなパラメータ設定が可能です。SeaArt.AIアカウントの作成、利用開始の手順、画像生成プロセス、基本操作、プロンプトの使用例を詳しく説明します。SeaArt.AIの公式ウェブサイトにアクセスし、アカウントを設定してみましょう。登録には、Discord、Google、Facebookアカウント、またはメールアドレス、携帯番号が使用できます。

SeaArt.AIの公式ウェブサイト
https://www.seaart.ai/

① 使い方とプロンプト指示

　SeaArt.AIのホーム画面には多数の作品例が展示されており、それぞれの作品に使用されたプロンプトを英語と日本語の切り替えボタンで確認できる便利な機能があります。具体的なイメージを持っている場合は、検索機能を使って素早く目的の作品を見つけることができるでしょう。SeaArt.AIでは、プロンプトを日本語で入力することも可能ですが、英語で指示する方がより詳細な画像を生成できる傾向にあります。プロンプトの作成に苦労している場合、展示されている作品例のプロンプトを参考にすると、求めている画像を手軽かつ迅速に生成することが可能です。具体的なプロンプトを入力すれば、理想に近い画像をより容易に生成できます。

▼ プロンプト指示のポイント

- 具体的な表現を使う
- 複数の情報を組み合わせる
- 感情やイメージを盛り込む

② 基本操作

プロンプト入力欄にテキストプロンプトを入力します。プロンプト入力欄には英語と日本語の切り替えボタンがあるため、便利です。基本設定で画像数（4枚まで）と画像サイズを選択できます。高級設定にはネガティブプロンプトの入力欄があり、除外したいイメージのテキストを入力します。画像生成AIには、以下の操作を組み合わせることで、より理想に近い画像を生成することができます。

- **創意アップスケール**
  より精細な高解像度画像を生成し、よりクリエイディブな効果を生み出します。出力制限は 2048×2048 です。

- **解像度**
  より多くのディテールを加え、画像の解像度を向上させます。出力制限は 4098×4098 です。

- **バリエーション**
  この画像のディテールを再描画して再生成します。

▼ **画像を保存する**

生成画面で、保存したい画像をクリックします。「ダウンロード」ボタンをクリックしてコンピュータに保存します。生成した画像は、PNG形式で保存されます。

3つのプロンプト例と画像生成

　具体的な表現で区切ったプロンプト指示を日本語と英語で生成した画像と、英語で複数のプロンプト指示を組み合わせて生成した画像、感情やイメージを盛り込んだプロンプト指示の生成した画像を比較してみましょう。それぞれ異なる雰囲気の画像が生成されます。

具体的な表現で区切ったプロンプト指示例 英語・日本語

「a closeup of a burger with ten meats, lots of cheese and lettuce on a wooden table, cheeseburger, delicious burger with sesame seeds, juicy burger, hamburger, burger on a plate, hamburger, super realistic food image, eat a cheeseburger, fast food review, high quality food photography, operating on burgers」

「10個の肉が入ったハンバーガーのクローズ アップ , 木のテーブルの上にたくさんのチーズとレタス , チーズバーガー , ゴマ入りのおいしいハンバーガー , ジューシーバーガー , ハンバーガー , 皿に盛られたハンバーガー , ハンバーガー , 超リアルな食品画像 , eat a チーズバーガー , ファーストフードレビュ , 高品質の食べ物写真 , ハンバーガーでの運営」

▼ 日本語プロンプトの画像生成

▼ 英語プロンプトの画像生成

　英語プロンプトと日本語プロンプトで生成した画像を比較すると、英語プロンプトの方がよりハンバーガーのボリューム感やリアルで精細な画像になります。

── 英語で複数情報プロンプトの画像生成 ──

「masterpiece,best quality, depth of field, (close-up:1.3), lens flare, cinematic lighting, absurdres, car, car light, ASTON MARTIN DB9 Touchtronic2」

―― 感情やイメージを盛り込むプロンプトの画像生成 ――
「泳ぐ長い毛の犬 , 水中 , ダイビング , 泡 , 高品質 , 被写界深度 , 超詳細な写真」

4. Leonardo.Ai

Leonardo.AIは、無料で利用できる高精度な画像生成AIサービスです。特に、日本語に対応しているため画像生成AIを初めて使用する方にもおすすめのツールです。アーティスト、クリエイター、デザイナーなどの作品制作や様々な分野での利用に適したツールです。Leonardo.AIには、3つの簡単な画像生成の方法があります。1つ目は、テキストを入力して画像を生成する方法と、2つ目は、Leonardo.AIにプロンプトを作成してもらい、それを基に画像を生成する方法です。この方法は、イメージしたいものやアイデアの内容を日本語で大まかに指定するだけで、AIが最適なプロンプトを自動でいくつか生成してくれるため、プロンプトの書き方に悩む必要がなく非常に便利な方法です。3つ目は、作品集のプロンプトを使用して画像生成する方法です。ここではLeonardo.AIのアカウント作成、3つの画像生成の使い方と手順、基本操作について解説します。無料版で生成した画像も商用利用可能です（https://leonardo.ai/faq/）。無料版では、生成できる画像の解像度と品質が制限されているので、商用利用で高品質な画像が必要な場合は、有料プランの利用を検討するのもいいでしょう。

① Leonardo.AI のアカウント作成

Leonardo.AIでアカウントを作成するには、まず公式サイトにアクセスします。サイト上の「Sign Up」ボタンをクリックし、メールアドレスとパスワードなど必要な情報を入力後、「Create Account」ボタンをクリックして登録を進めます。その後、入力したメールアドレスに確認メールが送られてくるので、メール内のリンクをクリックしてアカウントの有効化を完了させます。

Leonardo.AIの公式サイト
https://leonardo.ai/

② 使い方1　テキストから画像生成する

1. アカウント作成後、Leonardo.Aiにログインし、トップページを開きます。

2. 画面上部の「Create New Image」をクリックします。

3. プロンプト入力欄にプロンプトを入力します。

4. 「Generate」をクリックして画像を生成します。

② 使い方2　プロンプトの自動作成から画像生成する

1. 画面上部の「Create New Image」をクリックします。

2. 「Prompt Generation」をクリックします。

3. 「Prompt Generation」のプロンプト入力欄にイメージしたいものを日本語で入力します。

4. 生成するプロンプトの数を選択します。

5. 「Ideate」をクリックで、Leonardo.Aiが選択した数分のプロンプトを作成します。

6. 作成されたプロンプトの右側にある「Generate（生成する）」をクリックで画像を生成します。この時、「Finetuned Model」を「ON」にしてモデルの種類を選択することもできます。

― 日本語でイメージするプロンプト入力例 ―

「近代的な日本建築、海の夕日が見えるスタイリッシュなリビングルーム、暖炉がある、白ベース」

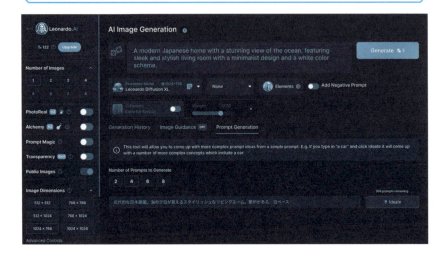

▼ **Leonardo.Ai による自動の複数プロンプト例**

▼ **上画像 2 番のプロンプトの画像生成**

③ 使い方3　作品集のプロンプトから画像生成する

1. トップページの「Recent Creations」にはLeonardo.Aiが配布しているモデルや参加者の作品が表示されています。作品集には、優れたプロンプトを使用して画像生成された情報を見ることができます。

⬇

2. 気に入った作品をクリックすると、作品の詳細ページが開けます。ここでは、作品のプロンプトや使用されたスタイル、生成した時間などの情報を確認できます。

⬇

3. 同じような画像を生成したい場合は、作品のプロンプトをコピーします。

⬇

4. 画面上部の「Create New Image」を選択し、画像生成ページを開きます。

⬇

5. プロンプト入力欄に、コピーしたプロンプトを貼り付けます。

⬇

6. 必要に応じて、プロンプトを編集します。例えば、キーワードを追加したり、単語を変更したりすることで、オリジナリティのある画像を生成できます。

⬇

7. スタイルやアスペクト比などの設定を調整します。

⬇

8. 「Generate」ボタンをクリックし、画像の生成を開始します。

⬇

9. 生成された画像が表示されたら、お気に入りの画像を選んでダウンロードします。

第3章 ≫≫ SNS に画像生成 AI を活用する【初級編】

4 動画系コンテンツ

① YouTube の魅力的なサムネイル

　YouTubeでは、ショート動画もロング動画でもサムネイルが非常に大切です。サムネイルは、視聴者のクリックを促す重要な要素で、サムネイルに人物が入る方がクリック率は上がります。YouTubeのサムネイルも、画像生成AIを使うことで、背景のデザインや人物の作成まで手間をかけずに生成することができます。本書でも取り上げているオールインワンツール のCanvaやAdobe Express は動画編集まで可能です。これらのツールを使用すれば、タイトルや素材を追加してサムネイルデザインを容易に生成できます。また動画生成AIから動画編集できる Filmore を使えば、背景、人物、デザイン、音楽など動画作成に必要な機能が揃っており、作業をさらに効率化することができます。

　またYouTubeのサムネイルを魅力的にするためには、背景画像の選択も重要です。ちなみにYoutubeや動画のサムネイルはアスペクト比16:9（1280px × 720px）の解像度にする必要があるため、注意しましょう。本書では動画の内容を際立たせ、視聴者の注意を引く背景デザインのアイデアを、動画生成AIを活用して7つのパターン紹介します。ぜひ、挑戦してみてください。

❶ 単色背景

最もシンプルで使いやすい背景デザインです。動画の内容やタイトル、文字を目立たせる効果があります。ブランドカラーや動画のテーマカラーに合わせると、統一感が出ます。

❷ グラデーション背景

単色背景よりも奥行きのある印象を与えることができます。動画の雰囲気やテーマに合わせて、色合いやグラデーションの種類を選ぶことができます。

❸ 写真素材

動画の内容に関連する写真素材を使うことで、視聴者に動画の内容をイメージしてもらいやすくなります。風景写真、人物写真、物写真など、様々な写真素材を活用できます。

❹ イラスト素材

動画の内容を分かりやすく伝えたり、可愛らしい印象を与えたりしたい場合に効果的です。手書き風のイラスト、ベクターイラスト、3DCGイラストなど、様々なイラスト素材を活用できます。

❺ テクスチャ背景

石、木、布など、様々な素材の質感を持つテクスチャ背景を使うことで、サムネイルに奥行きや高級感を与えることができます。

❻ パターン背景

ドット、ストライプ、チェックなどのパターン背景を使うことで、サムネイルに遊び心や個性を与えることができます。

❼ 3D背景

近年は、3D背景を使ったサムネイルもよく見られるようになりました。3D背景を使うことで、サムネイルに立体感や動きを出すことができます。

▼ 人物を入れる際のポイント

- 顔がしっかりと写っていること
- 表情が明るく、好印象であること
- 動画の内容に合っていること
- ターゲット層に合った人物を選ぶこと

▼ Youtube でクリックされやすいサムネイルのポイント

1) 高画質な画像
2) 明るい色
3) 目を引くシンプルなテキスト
4) シンプルにすること

▼ Midjourney 画像生成

▼ Canva サムネイル編集

▼ Midjourney サムネイル背景素材の画像生成

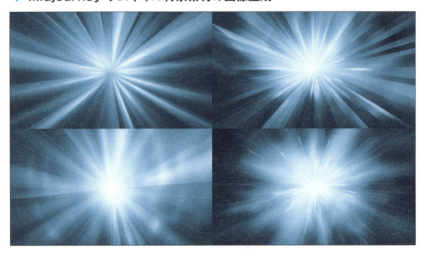

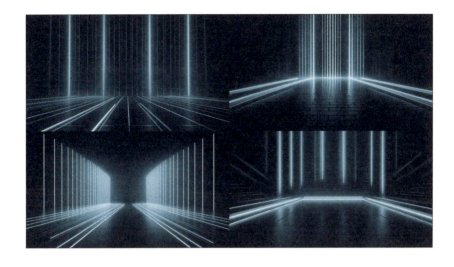

② TikTok のサムネイル作成

　TikTokのサムネイルは、動画を見る前に視覚的インパクトをアピールできる大切な要素です。動画の内容も短時間で視聴者の注意を引く必要があります。視認性の高いテキスト、色鮮やかな背景、目を引くイラストやアニメーションを用いたサムネイルが効果的です。最近では、動画生成AIを使って、TikTokのサムネイルを効果的に作る方法が注目されています。AIは、画像やビデオの特徴を分析し、最適な組み合わせを提案することができます。例えば、明るい色と楽しいイラストを組み合わせることで、ポップな雰囲気を演出することができます。また、アニメーションを使用すれば、動画の内容をわかりやすく伝えることができます。ポイントとしては、TikTokのトレンドや視聴者の好みに敏感であること、そしてサムネイルが動画の内容を正確に反映していることです。動画生成AIを使って、より効果的なサムネイルを作ってみましょう。

　サムネイルをデザインする際は、いくつかの重要なポイントがあります。まず、動画の中で最も注目すべき瞬間をサムネイルにすると、視聴者の好奇心と期待感を刺激します。また、サムネイルにたくさんの文字を詰め込むと情報が伝わりにくくなるので避けましょう。なるべく、視聴者が一目で内容を把握できるようにシンプルなサムネイルにしましょう。さらに、人物を取り上げて強調する動画の場合は、その人物の顔がはっきりと映るようにすることがポイントです。動画の雰囲気に合ったフォントの選択や、スマートフォンの小さな画面でも読みやすいテキストにすることも重要になります。

　サムネイルの作成例としては、動画のタイトルや内容を簡潔に伝えるテキストベースのサムネイル、動画のハイライトシーンを捉えた画像ベースのサムネイル、動画の雰囲気やテーマを表現するためのイラストやフレームを使用したサムネイルなどがあります。画像生成AIをうまく活用して、Tik-Tokでの存在感をアピールしてみましょう。

▼ ダンス：Midjourney 画像生成と Adobe Express 編集

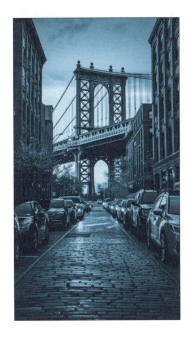

▼ 画像生成で合成したサムネル画像

第3章 》》》 SNSに画像生成AIを活用する【初級編】

5 サムネイルに使える 編集AIツール使い方

1. Canva

　Canvaは、世界中で人気を集めているオンラインデザインツールで、日本国内でも多くのユーザーに愛用されています。このツールは、ソーシャルメディアの投稿、プレゼンテーション資料、マーケティング素材、イベントやパーティーの招待状、動画制作など、幅広い用途に対応しており、初心者でも直感的に使えるよう設計されています。Canvaにはテンプレート、フォント、画像が豊富にあり、無料版でも多くの機能を利用することができます。さらに、Canva Proにアップグレードすることで、より高度な機能と数万点以上の素材が利用できることから、簡単に質の高いデザインを作成することが可能です。

　Canvaの大きな特徴は、画像生成AIツール「DALL-E」や「マジック生成」を搭載していることです。これらのツールを活用することで、ユーザーはオリジナルの画像を簡単に生成することができます。加えて、生成した画像を編集するためのAIツールも充実しているので、プロフェッショナルなデザインを手軽に制作することが可能です。ここではCanvaのアカウント作成方法から、画像生成AIの使用方法、基本操作、そして便利な機能まで解説します。

① Canvaでアカウントの作成

　Canvaの画像生成AIツールを利用するためには、無料でCanvaアカウントを作成する必要があります。Canvaの公式ウェブサイトにアクセスし、「無料アカウントを作成」ボタンをクリックしてください。次に、メールアドレス、パスワード、名前、そして国や地域を入力し、「アカウントを作成」ボタンをクリックすることで、アカウントの設定が完了します。

Canvaの公式ウェブサイト
https://www.canva.com/

② 画像生成アプリの使い方とプロンプト指示

1. Canvaを開き、デザインを作成する画面に移動します。

⬇

2. 画面左側の「アプリ」をクリックします。

⬇

3. アプリの中から「マジック生成」や「DALL・E」をクリックします。

⬇

4. テキストプロンプトを入力します。テキストプロンプトには、イメージしたい内容、テーマなどを入力します。

⬇

5. 画像スタイルを選択します。画像スタイルには、イラスト、映画的、水彩画、写真、幻想的、アニメなどがあり、画像の縦横比も選択できます。

⬇

6. 「画像を生成」をクリックします。

　Canvaの「DALL・E」機能では、サンプルのテキストプロンプトを活用できます。この機能は、イメージ生成の練習やアイデアの創出に役立つ便利なツールです。また、独自のテキストプロンプトを指示して画像を生成することも可能です。

▼「マジック生成」を使用した実際の画像生成

```
プロンプト
机の上、1冊のノート、1本のペン、花、メガネ
```

③ 4つの便利な画像編集ツール

▼ **Sketch To Life でスケッチから画像生成する（無料版）**

左側のスケッチスペースに簡単な手書きを書いて、プロンプトを指示します。

▼ **背景除去で画像の背景を消す（有料版）**

ブラシサイズを調節して、背景を削除や復元ができます。

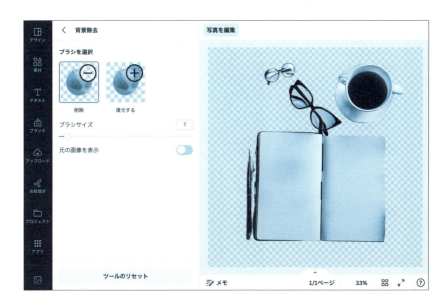

▼ **マジック消しゴムで画像の背景や不要なものを消す（有料版）**

ブラシツールで2個あったメガネを1つ消しています。

▼ **マジック加工で画像の部分を生成して変える（無料版）**

ブラシツールで右下の花を選択して、チューリップにプロンプト指示で変えています。

④ 基本操作

　画像生成AIによって作成された画像は、画面の右側にあるデザインエリアに表示されます。そこで、画像編集ツールを使用して不要な要素を削除したり、テキストや他の素材を追加したり、画像のサイズや配置を調整してデザインを仕上げられます。

　Canvaで作成したデザインは、クラウド上に自動的に保存されるため、ユーザーは別途保存作業を行う必要がありません。これにより、制作中の作品を誤って失ってしまう心配がなく、複数のデバイスを使用している場合でも、常に最新の状態でデザインを継続できます。完成したデザインは、様々な形式でダウンロード可能です。高解像度の画像ファイル（PNG、JPG、PDF）や動画ファイル（MP4、GIF）など、用途に応じた形式を選択してダウンロードできるため、ユーザーは作成したデザインを柔軟に活用することができま

す。さらに、Canvaはデザインの共有機能も充実しています。作成したデザインは、専用のリンクを生成することで、他のユーザーと簡単に共有できます。リンクを受け取ったユーザーは、デザインを閲覧や編集することが可能です。また、共同編集機能を使えば、複数のユーザーが同時にデザインを編集することもできます。ソーシャルメディアとの連携も充実しており、作成したデザインを直接SNS に投稿できる他、投稿スケジュールの設定も可能なため、Canva上でスムーズにコンテンツの管理や配信ができます。

2. Adobe Firefly

Adobe Firefly は、画像生成、テキスト効果、ベクターデザインなどの機能を備えています。このツールは、生成AIモデルを基盤として設計されており、ユーザーは直感的な操作で高品質なビジュアルコンテンツを素早く作成することができます。

主な特徴の一つは、既存の画像スタイルを適用し、調整できる点です。簡単な操作で画像を編集することができます。また、使いやすいインターフェースと豊富な編集機能により、プロフェッショナルな仕上がりになります。Adobe Firefly は、Adobe Express との連携も可能です。この連携により、Adobe Express の豊富なテンプレートやデザイン要素を活用しながら、Adobe Firefly の生成AIの力を利用することができます。Adobe 製品を使い慣れているユーザーにとって、より効率的で創造的なビジュアルコンテンツ制作が可能となるでしょう。ここでは Adobe Firefly のアカウント作成、使い方や画像生成方法、編集機能や活用例について解説します。

①アカウント作成

Adobe Firefly はウェブブラウザ上で動作するスタンドアロンアプリケーションで、Adobe Creative Cloud のサブスクリプション契約がなくても利用できます。メールアドレス、パスワード、名前、国/地域を入力します。「アカウントを作成」をクリックしてアカウントの作成を完了すると、メールで確認メールが届きます。確認メールに記載されているリンクをクリックして、アカウントを有効にします。

Adobe Firefly の公式サイト
https://www.adobe.com/jp/products/firefly.html

② 使い方と画像生成の方法

1. Adobe Firefly の Web サイトにログインします。

2. サイトのトップページの入力バーに、日本語プロンプトの自然言語で入力します。

3. 「生成」をクリックします。

▼ Adobe Firefly 画像生成の3つの方法

- **テキストで生成**
  テキストで生成したい画像の説明を入力して、画像を生成します。

- **画像で生成**
  画像をアップロードして、画像から画像を生成します。

- **サンプルで生成**
  サンプル画像をベースに、画像を生成します。

▼ Adobe Firefly のプロンプト言語のポイント

- **具体的で簡潔にする**
- **画像のスタイルや雰囲気を明確にする**
- **画像に含めたい要素やオブジェクトを具体的に指定する**

③ 基本操作

　用意されているオプション・調整を組み合わせることで、理想に近い画像をよりスピーディーに生成することができます。

- **「コンテンツタイプ」**
  写真、アート、自動から選択します。

- **「スタイル」**
  強度の調整、一致（参照画像ギャラリー）から選択します。

- **「効果」**
  ボケ効果　彫紙　シンセウェーブ　ペイント　デジタルアート　超現実的　8種類のカラーとトーン　10種類のライト　10種類の合成的から選択します。

- **「詳細設定」**
  生成する画像から除外したいものを設定できます。

- **「画像の保存」**
  保存する画像の右上に保存アイコンの中に、「ダウンロード」「ライブラリーに保存」を選択することで保存できます。

④ 便利な画像編集の方法

　Adobe Fireflyには、ユーザーが編集したい画像をアップロードし、その画像をベースにして追加の画像を生成する機能が搭載されています。この機能を活用することで、デザインの可能性が大きく広がります。例えば、既存の製品写真をアップロードし、その画像を基にして、様々な背景やアングルのバリエーションを生成することができます。これにより、商品カタログやウェブサイトのデザインに多様性を持たせ、視覚的な魅力を高めることが可能です。

▼ **テキストから画像生成**

―プロンプト例―

ホワイトベースのデザイナーズインテリア書斎部屋のデスク上にあるデスクトップPC

▼ 便利な機能　生成塗りつぶし1

　画面下部にある「追加」ボタンをクリックし、挿入ブラシツールを使用して変更を加えたい領域を指定します。次に、プロンプト入力欄にテキストでイメージを入力すると、生成機能を使って簡単に編集することができます。例えば、机の上にある植物を「サボテン」に変更してみます。生成をすると簡単にサボテンに変更することができ、同時に複数のパターンから選べます。「さらに生成」をクリックすれば追加で生成もできます。

▼ 便利な機能　生成塗りつぶし2

　画面下部にある「背景」ボタンをクリックすると背景を自動で削除します。削除した背景に対して例えば、「海が見える窓」とプロンプト欄に入力すると、数秒で海が見える風景に編集することができます。思いのままのイメージが追加で簡単に生成できる便利な機能です。

▼ **便利な機能　Adobe Express の動画編集**

　選択した画像の右上にある保存アイコンの中に、「Adobe Express で編集」をクリックで、ダイレクトに Adobe Express の画面上に画像を移行することができます。Adobe Expressには、さまざまな動画生成アプリや動画編集、デザイン編集ができる機能、フォント、テンプレートなどが豊富に用意されています。

▼ **手書き動画生成アプリ**

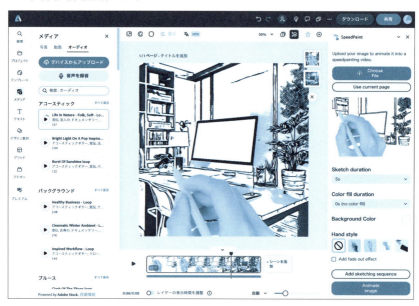

3. Adobe Express

　Adobe Expressは、前章で紹介したCanvaと同様にデザインの作成や編集をオンラインで行えるオールインワンのツールです。このプラットフォームを使って、SNS向けの投稿画像や動画を簡単に作成できます。チラシ、ポスター、パンフレット、名刺などの印刷物のデザイン、ブログやビジネスサイトのためのヘッダーやバナー画像の制作、さらにはPowerPointやKeynoteで使用するプレゼンテーション資料の見た目を洗練させることも可能です。デザイン未経験の方でも扱いやすいデザインツールで、少し触れるだけで基本的な操作を習得できます。プロがデザインしたテンプレートや写真素材が豊富に用意されており、画像生成AIと動画編集機能を活用することで、誰でも簡単に魅力的なサムネイルやビジュアルコンテンツを簡単に作成することができます。Adobe Expressのアカウント作成方法、画像生成AIの利用方法や基本的な操作方法、簡単な動画編集（トリミング、音楽追加、テロップ挿入など）について、初心者向けに解説します。各生成AIに利用条件があるので確認しましょう。

① アカウント作成方法

1. Adobe公式サイト（https://www.adobe.com/jp/express/ ）にアクセスします。

↓

2. 「Adobe Expressを無料ではじめる」をクリックします。

↓

3. メールアドレスとパスワードを入力します。または、Google やFacebookなどのアカウントでサインインします。

↓

4. 必要な情報を入力し、アカウント作成を完了します。

第3章　SNSに画像生成AIを活用する【初級編】

② 画像生成 AI の活用方法と基本操作

まずは Adobe Express にログインし、中央のメニューアイコンにある「生成AI」をクリックします。生成した画像をクリックすると、編集画面に移り編集することができます。画像を保存する際には「ダウンロード」をクリックし、「共有」ボタンをクリックするとリンクのコピー、各SNS に直接投稿や予約投稿、ストレージに保存が可能です。さらに下記のような4つの便利な機能があります。

▼ 4つの便利な画像生成 AI 機能

1. テキストから画像生成

想像する内容をテキストで記述して画像を生成します。

2. 生成塗りつぶし

削除または追加したい内容をプロンプト指示します。生成した画像をアップロードすると、Adobe Expressのアプリでデザイン編集が可能です。

3. テキストからテンプレート生成

編集可能なテンプレートをプロンプト指示で生成します。トピックやチラシなどの用途を入力します（英語のみ）。

4. テキスト効果

プロンプト指示で文字にデザインやテクスチャを適用します。使用するオブジェクトや素材を入力します。

プロンプト例

カラフルなバルーン

プロンプト例

pasta menu flyer

> **プロンプト例**
> ジーンズ生地

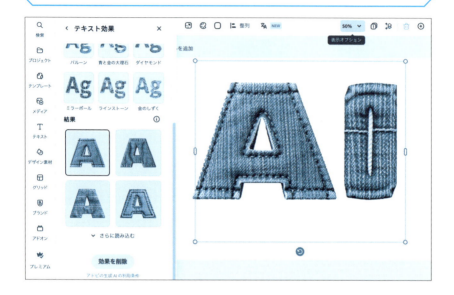

③ 簡単な動画編集

　中央のメニューアイコンにある「動画」をクリックします。自分の動画、おすすめの動画テンプレート、おすすめのAdobe Stock動画から「動画クイックアクション」を利用して動画の編集ができます。動画のクイックアクション機能には、動画の背景を削除、動画をトリミング、動画のサイズ変更、動画の結合、動画を切り抜く、Gifに変換、MP4に変換、音声でキャラクターを動かす、字幕を自動生成ができます。

④ 音声でキャラクターを動かす

　動画のクイックアクションの中から「音声でキャラクターを動かす」をクリックします。キャラクターと背景を選んで「録画」ボタンを押すと、キャラクターに自分の音声を入れて動かします。音声に合わせてキャラクターの口などが動いてくれる動画が作れます。顔出ししたくない時やキャラクターを使用した動画を作りたいときにおすすめです。

⑤ 動画に音楽を追加する

動画に音楽や音声を追加する方法は、編集画面の左メニューにある「メディア」をクリックします。上部にある「オーディオ」をクリックして、アドビーストックにある音楽を追加することができます。ボリュームの調整は「ボリューム調整」から行います。自分の声の音声を録画して入れることもできます。その場合は「メディア」から「音声を録音」をクリックして、「収録開始」から録画をしましょう。自分の録画した声とテンプレートの音楽を重ねて流すことも可能です。インスタグラムのリールやTikTokの動画では、音声とバックミージックの同時音楽が流行っているので便利な機能です。

▼ 音声でキャラクターを動かしバックミュージックを入れた動画

4. Filmora

Filmoraは、画像生成AIも利用でき、初心者から中級者まで幅広いユーザーに適した動画編集ソフトです。誰でも簡単に使える豊富なテンプレート、動画の編集をサポートしてくれるAI機能が搭載されています。無料版と有料版（Filmora X）の選択肢があり、コストパフォーマンスにも優れています。機能面では、基本的な編集機能に加え、多彩なエフェクト、トランジション、オーバーレイ、テキストアニメーションなどを利用して、プロ並みの仕上がりが可能です。また、最新のAI技術を導入しており、テキストから動画生成AIを使って、ユニークなビジュアルを作成したり、自動色補正や音声のノイズ除去などの機能を使用して編集作業を効率化できます。

Filmoraは様々な動画形式に対応しており、4K解像度のプロジェクトも扱えます。YouTubeやSNS向けに最適化された出力設定が用意されているため、作成した動画をスムーズに共有できる点も魅力です。無料版でも十分な編集機能を備えていますが、有料版ではより高度な機能や効果を利用できます。さらに、Wondershare社はサポート体制を整えており、オンラインヘルプセンター、チュートリアル動画、コミュニティフォーラムなど、ユーザーの疑問や問題に迅速に対応してもらえます。シンプルな操作性と充実したAI機能を搭載したFilmoraは、これから動画編集を始めたい人や、本格的な編集機能を求めるクリエイターにとって最適なソフトウェアです。あらゆるレベルのユーザーに魅力的な動画編集ソフトといえるでしょう。ここではFilmoraのアカウント作成、画像生成AIの使い方、簡単で便利なAI機能の動画編集について初心者向けに解説します。

① アカウント作成とダウンロード

1. Wondershare Filmoraアカウントを作成するには、Wondershare IDが必要です。

↓

2. Filmoraの公式サイト（https://filmora.wondershare.jp/）にアクセスします。

↓

3. 画面右上にある「ログイン」ボタンをクリックします。

↓

4. IDとパスワードを入力してアカウントの作成をしましょう。

↓

5. Filmoraの公式サイト概要欄のリンク「無料ダウンロード」から動画編集ソフトウェアをダウンロードし、インストールします。

↓

6. インストールできたらFilmoraを起動します。「スタートページ」が起動し、画面上部にある「ログイン」からWondershare IDでログインします。

↓

7. これで動画編集の準備が完了です。

▼ **スタートページ画面と文章から動画生成**

② 動画生成の方法と使い方

スタートページから「新しいプロジェクト」を選択しましょう。「動画編集画面」が起動します。Filmoraは基本的にこの編集画面で行います。動画生成AIの利用は、スタートページから「AI動画生成」をクリックして操作します。作りたい動画の内容を文章で入力し、その後下部にある「文章から動画生成」ボタンをクリックすると、音楽とテロップも含めて自動で動画を生成します。

※スタートページに戻りたいときは、動画編集画面を閉じると表示されます。もっと簡単に動画を作りたい場合や文章作成が難しい時は、AIに文章作成をしてもらうことができます。「AI動画生成」をクリックして「AIで文章を生成する」ボタンをクリックします。リストから生成するテキストのタイプを選択し、「文章のテーマ」を追加、必要に応じて詳細を入力します。「文章を生成」をクリックすると文章を生成できます。その後、「文章から動画生成」ボタンをクリックすると、さらに自動で音楽からデロップ文字、デロップの声まで動画を生成してくれます。

▼ **文章を生成**

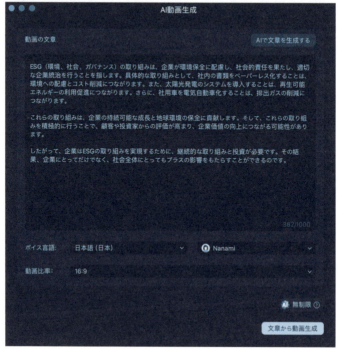

▼ **文書から動画生成**

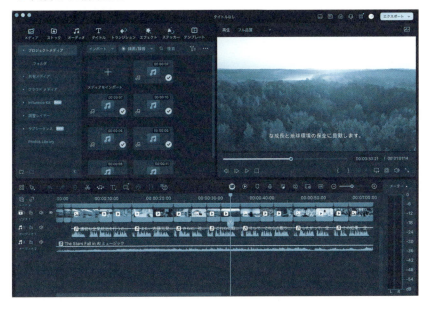

③ AI 音楽ジェネレーターの使い方

AIで自分だけの音楽を生成します。オーディオタグの「AI音楽」から「ツール」に進み「スタート」ボタンをクリックして起動します。使いたいムードや長さを決定して「スタート」ボタンをクリックします。これだけのステップで、ロイヤルフリーの音楽を生成することができます。

▼ AI ボーカルリムーバー機能

もう一つの便利な機能が、「AIボーカルリムーバー」です。この機能は、音楽ファイルの元音源とボーカルと伴奏を分離できます。音楽を右クリックして「AIボーカルリムーバー」を選択するだけです。分離することで、細かくエフェクトをかけたり調整が可能になります。

▼ AI テキストベース編集

動画に収録された音声をAIが検出して、文章を編集することができます。編集したテキストは字幕として編集できます。

④ 動画切り抜き機能の使い方

AIが複雑な動画を切り抜いてくれる新しい機能です。Filmoraの編集画面「マスク」の中に切り抜きツールを選択します。動画の画面内をブラシでなぞるだけで自動で切り抜きを生成します。この機能を使えば、文字を被写体の後ろに配置したり、トランジション（移行）に使用したり、合成動画を作ることができる便利な機能です。

⑤ AI Copilot 編集と AI サムネイルエディター

AI Copilotは、AIの編集をサポートするAIアシスタントです。編集画面にあるツールバーのAI Copilotのアイコンをクリックすると、右サイド画面か

らチャット形式で編集をサポートしてくれます。動画編集に迷ったときに呼んでみましょう。AIサムネイルエディターは高品質なサムネイル作成を時短で生成できる新しい機能です。情報パネルの中の「サムネイル編集」ボタンをクリックして起動します。または、Filmoraで動画の編集が完了した後、「エクスポート」ボタンをクリックします。エクスポートの中の「編集」をクリックすることで、動画の中からサムネイルにぴったりのシーンを自動で選んで提案してくれます。さらに、編集から自由にカスタマイズができたり、テンプレートとして保存することも可能です。

▼ サムネイル自動編集

⑥ AI画像生成の使い方

　Filmoraアプリで画像を生成することもできます。2023年6月9日にリリースされたFilmoraのバージョン12.3以降から「AI画像生成」機能が搭載されており、テキストを入力するだけで、高品質な画像をAIが自動的に生成してくれます。「AI画像生成」機能では、サムネイルに最適な3種類のアス

ペクト比を選択することができます。これにより、YouTube、Instagram、TikTokなど、様々なプラットフォームに合わせたサムネイルを簡単に作成できます。生成する画像のスタイルは、写実的な風景、人物、手書き、CGI、ACG、未来的、水彩画など、多彩なオプションから選ぶことが可能です。Filmoraの「AI画像生成」機能は、高品質な画像を簡単に作成でき、動画編集にシームレスに統合できるため、制作の効率を大幅に向上させることができるはずです。この新機能を活用して、魅力的な動画コンテンツを作成してみてください。

▼ **画像生成の手順**

1. Filmoraを起動し、新しいプロジェクトを作成します。
2. 上部にある「ストック」ボタンをクリックし、左メニューにある「AI画像」タブをクリックします。
3. 「スタート」ボタンをクリックすると「AI画像（ベータ版）」の画面が表示します。
4. テキストボックスに生成したい画像を説明するテキストを入力します。
5. 「作成開始」ボタンをクリックします。
6. AIが画像を生成します。生成画像はプレビューウィンドウに表示されます。
7. 選択した画像の「保存」アイコンをクリックして、ストックに保存します。

───プロンプト例────────────────

ギリシャの美しい海の街並み

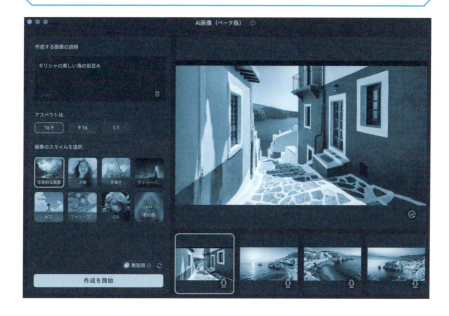

5. Sora

　2024年2月15日（米国時間）、OpenAIより大規模な動画生成AIモデル「Sora」が発表されました。テキストや画像から高品質な動画を生成することができる新しい動画生成AIモデルで、この発表は瞬く間にネット上で話題となりました。Soraの注目すべき点は、テキストや画像といった静的なデータから、ビデオを生み出せることです。ユーザーは、イメージするシーンを言葉で説明したり、参考となる画像を提示したりするだけで、Soraがそれをもとに自動的にビデオを生成してくれます。動画制作のハードルが大幅に下がり、誰でも簡単に高品質でクリエイティブな動画を作れるようになります。また、Soraは、多様なアスペクト比の動画生成に対応しており、ワイドスクリーンの1920x1080pビデオから、縦長の1080x1920ビデオまで、あらゆる画面サイズの動画をシームレスに生成することができます。この機能は、スマートフォン、タブレット、パソコン、テレビなど、様々なデバイスに最適化されたコンテンツを、デバイスごとに個別に動画を制作する必要がなく、Soraが自動的に適切なサイズと比率で動画を生成してくれるのです。これは、マルチデバイス時代のコンテンツ制作において、非常に大きなメリットとなります。一つの動画を作るだけで、あらゆるデバイスに対応できるため、制作の手間を大幅に減らすことができます。

　現在（2024年5月20日）まだリリースされていませんが、Open AIの公式サイトにはSoraで作ったサンプル動画を見ることができます。その動画の内容は、ドローンカメラの視点で自転車に乗るアスリートとして、さまざまな動物が登場する海上の自転車レース、soraによって生成されたキラキラ動物園、ハイテクな未来都市を巡るストリートの高速ツアー動画など、無限の創造性を感じさせられる動画が公開されています。

Sora公式サイト
https://openai.com/sora

Video generation models as world simulators（Open AI 公式サイト）
https://openai.com/research/video-generation-models-as-world-simulators

▼ Animating DALL·E images 画像から動画生成

A Shiba Inu dog wearing a beret and black turtleneck.

引用元：Open AI 公式サイト

In an ornate, historical hall, a massive tidal wave peaks and begins to crash. Two surfers, seizing the moment, skillfully navigate the face of the wave.

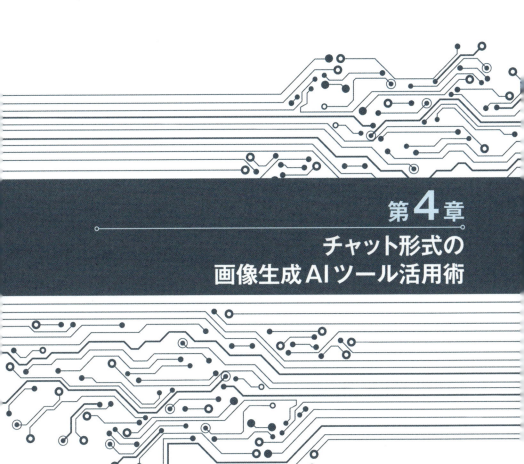

第4章
チャット形式の
画像生成AIツール活用術

第4章 >>> チャット形式の画像生成 AI ツール活用術

ChatGPT with DALL-E 3

　ChatGPTは大規模な言語モデル（LLM）で、主にテキストの生成、文章の要約、質問応答、言語翻訳など会話を行うために使用されます。またDALL-E 3というAIを使ってテキストから画像を生成することができます。テキストによる説明（プロンプト）からチャット形式で、それに合った画像やイラストを生成することができます。ChatGPTで画像生成を使うためのアカウント作成、使い方や画像生成の方法について解説します。

① アカウント作成

1. OpenAIの公式Webサイトにアクセスし、「Get Started」や「Sign Up」のボタンをクリックします。

2. 登録に必要なメールアドレスを入力し、「Continue」をクリックします。

3. 入力したメールアドレスに送られてくる確認メールを開き、メール内のリンクをクリックして確認します。

4. 必要な情報（名前、パスワードなど）を入力し、アカウント作成を完了します。

② ChatGPT の使い方

5. ChatGPTのテキスト入力欄に、知りたい情報や質問を入力します。

6. 入力後、「送信」ボタンをクリックすると、ChatGPTが回答を生成します。

7. ChatGPTはセッションを通じて前のメッセージを覚えています。新しいトピックについて質問する場合は、それを明確に示すとより良い回答が得られます。

③ 画像生成の方法　テキストから生成

8. 生成したい画像の説明をテキストとして入力します。色、形、動作、風景などの視覚的要素を具体的に記述すると、望む画像に近い結果が得られます。

9. テキストを送信した後、「画像生成」オプションを選択します。

10. 数秒から数分で、生成された画像が表示されます。複数のバリエーションの生成が可能です。

3種類の画像サイズ対応

正方形（アスペクト比1:1、1024×1024ピクセル）
横長（アスペクト比16:9、1280×720ピクセル）
縦長（アスペクト比9:16、720×1280ピクセル）

──プロンプト例──
法律家が相談者の夫婦と会話をしている様子、フラットデザイン、白背景、16:9

You
User
法律家が相談者の夫婦と会話をしている様子、フラットデザイン、白背景、16:9

ChatGPT

Here is the flat design illustration of a legal professional conversing with a couple. The image is set in a 16:9 aspect ratio, with a clean and professional look. You can view and download the image as needed.

④ 画像からプロンプト作成したものを生成

　画像ファイルをChatGPTにアップロードし、アップロードした画像のプロンプトをChatGPTに書いてもらいます。例えば、「この写真のプロンプトを教えてください」とチャット欄に入力し、アウトプットしたプロンプトを使って画像生成AIツールで生成します。アウトプットしたプロンプトが日本語になっている場合は、ChatGPTで英語に翻訳します。英語にアウトプットしたプロンプトをそのまま画像生成AIツールで生成すると、完成度が高い画像が簡単にできます。

左：Leonard.Ai Creationsの作品集から画像を引用したもの
右：引用した画像をChatGPTでアプトプットしたプロンプトを使って、Leonard.Aiで画像生成

プロンプト文字数制限における３つのポイント

　ChatGPTには文字数の制限がありますが、プロンプトの文字数を適切に管理することで、AIを最大限に活用し、より質の高い対話ができます。以下は、ChatGPTを最大限に活用するためのプロンプト文字数制限の３つのポイントです。

1. 冗長な情報や不要な部分を削除し、テキストを最適化することで文字数を削減します。これにより、AIがより的確に情報を処理できるようになります。

2. 必要な情報に絞り込むことで、AIからより効果的で適切な応答を引き出します。簡潔で明確なプロンプトは、AIが理解しやすくなり、質の高い回答になります。

3. 過去の対話や文脈をプロンプトに含めることで、AIに一貫性を持たせ、対話の自然な流れを維持できます。文字数制限に注意しながら、最も関連性の高い情報のみを選択的に含めるようにしましょう。

第4章 》》 チャット形式の画像生成AIツール活用術

2 Microsoft Copilot Pro

　「Copilot Pro」はMicrosoftが運営している自然な言語ができるチャット形式AIです。ChatGPTと同じGPTシリーズが使われており、ChatGPTと同じように使用ができます。最大の特徴は、有料版の「Copilot Pro」で、Microsoft 365アプリのWord、Excel、Powerpoint、Outlook、OneNoteなどでCopilotを利用して、文章の下書きやメールの要約、プレゼンテーションの作成などすることができます。そして、Copilotの中でDALL-E 3の画像生成AIが使え、横長サイズの画像にも対応しています。さらにオリジナルの音楽を簡単にテキストから生成することもでき、今後も使える機能が増えてくるでしょう。無料でもCopilotを使用できますが、この章では、2024年1月上旬にリリースされたばかりのCopilot Proを利用するアカウント作成、使い方や生成方法、基本操作について解説します。

① アカウント作成と申し込み方法

1. Microsoftのアカウントにログインします。アカウントをお持ちでない方はアカウントを登録しましょう。

2. Copilot Pro の公式サイトにアクセスします。
https://www.microsoft.com/ja-jp/store/b/copilotpro

3. 「Copilot Pro を購入する」のボタンから登録します。個人、クリエイター、パワー ユーザー向けと記載がありますが、法人でも使用することができます。
注意：Microsoft 365を使っている場合は、その契約しているアカウントに連携させて購入をします。契約していないアカウントで購入してしまうとMicrosoft 365の中に搭載されなくなるので注意が必要です。

4. Copilot Proのチャット画面にログインが完了します。ChatGPTと同じように使用できます。3つの会話スタイル「クリエイティブ」「バランス」「厳密」から選択しましょう。

② 使い方1 画像を生成する

　新しいトピックを開き、チャットのテキスト入力欄に画像生成したいイメージを入れます。例えば、「地球を背景に月面でローラースケートをしている宇宙飛行士を描いて」と入れると、4枚生成します。生成された画像をクリックしてDesignerに移行して保存をすることが可能です。

③ 使い方2 曲を生成する

　新しいトピックを開き、Copilot Proのチャット画面の右サイトメニューにあるプラグインの中に、曲を生成する「Suno」をONにします。先ほど生成した画像のバックミュージックを生成してもらいます。すると作曲までAIが生成してくれます。「どんなジャンルの音楽にしますか？」をクリックするとジャンルを提案するボタンが表示されるので様々な音楽を試してみてください。生成した音楽の保存アイコンから保存をすることができます。

④ 使い方3 WordでCopilot Proを使用する

1. Microsoft 365のダッシュボードにアクセスします。
（https://www.microsoft365.com/）

2. Wordを開きます。

3. 「Copilotを使って下書き」をクリックするとチャット入力欄が表示されるので、書きたいことを説明します。例えば、「商品プロモーションのイベント司会の台本を書いてください」と入力します。

4. 数秒で原稿を書いてくれます。書き換えやテーブルとして視覚化したい選択範囲をカーソルで選択し、Copilot Proのアイコンをクリックして生成することもできます。

5. ツールのメニューバーにあるCopilot Proのアイコンをクリックすると、サイドメニューからチャット形式で生成することもできます。

参考： ExcelでのCopilot Proは一部限られて使用することができます。
注意： ウェブ上でMicrosoft 365上でCopilot Proが使えるのはデスクトップ版ではなく、Web版のみです。

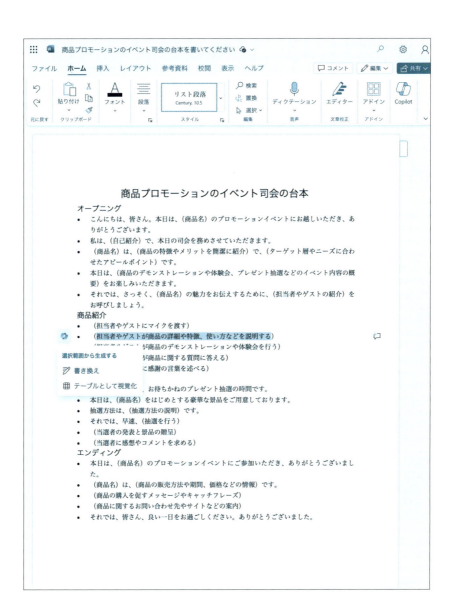

⑤ 使い方4 PowerpointでCopilot Proを使用する

1. Microsoft 365のダッシュボードにアクセスします。
(https://www.microsoft365.com/)

2. Powerpointを開きます。

3. ツールのメニューバーにあるCopilot Proのアイコンをクリックします。サイドメニューからチャット形式で生成します。

4. 「プレゼンテーションを追加する」を選択して、プロンプトに題材を入れて生成します。例えば、「画像生成AIのセミナーについて」と入力します。

5. 数秒で5枚のプレゼン資料を画像も含め作成してくれました。続けて、具体的な内容や質問に答えながら生成することができます。

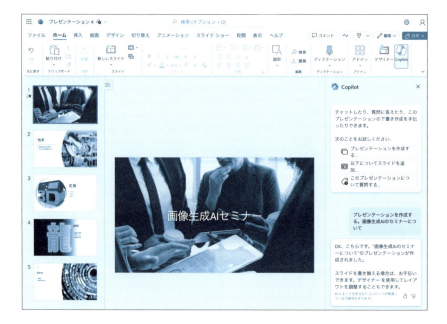

ChatGPTと比較すると、ChatGPTに移行することなくAI機能を使用できるため便利です。

　Copilot Proは、画像生成や音楽生成など、より多くの機能が使え、Microsoft 365を使っている方はCopilot Proを利用することで、AIの力を最大限に活用できるでしょう。

第4章 >>> チャット形式の画像生成 AI ツール活用術

3 Google Gemini Pro

Gemini は Google が開発した大規模言語モデルで、ChatGPT と同様の会話形式で動作します。プロンプト入力欄にテキストを入力すると、チャットボットが答えてくれます。チャット形式で画像生成 AI をリリースされましたが、現在は一時停止中です（2024 年 5 月 20 日現在）。他にもできることとしては、Web 検索、ドキュメントやスプレットシートにエクスポート、Gmail やドライブなどの検索、音声入力、チャット共有リンクなどがあります。

Gemini には無料版 Gemini と上位モデルが搭載されている有料版 Gemini Advanced の 2 種類があります。Gemini Advanced には、画像認識機能の Google レンズが搭載されており、この機能を利用するには、Gemini Advanced へのアップグレードが必要です。日本語に若干対応していますが、基本的には英語のみ対応になります。ここでは GeminiAdvanced への加入方法や基本的な操作について解説します。

① アカウント作成と加入方法

1. Google のアカウント作成が必要です。

⬇

6. Google One にアクセスして、Google アカウントでログインします。

⬇

7. プランにある「AI プレミアム」に加入します。

⬇

8. 利用規約を確認して同意します。

Google One
https://one.google.com/about/plans?hl=ja&g1_landing_page=0

② 使い方と基本操作

1. Gemini 公式サイト https://gemini.google.com/ にアクセスします。

2. Gemini のページの左上部にあるタブから、Gemini または Gemini Advanced を切り替えて使用します。

3. 中央下のメッセージ入力欄にプロンプトを指示をします。

　左メニューにある設定の中に「拡張機能」をクリックすると、Gemini で使える Google サービスの拡張機能を ON と OFF ができます。使い方がわからない時は、Google Gemini ヘルプページで詳しい説明があるので確認しましょう。

Gemini 公式ヘルプ
https://support.google.com/gemini/?hl=ja#topic=13194540

③ 便利な使い方1　@で Google サービスを使う

　メッセージ入力欄に「@」を付けると Google サービスの一覧が出てきます。これによって、自分の Gmail 内を検索したり、Google マップと連携して様々なことができます。例えば、Gmail で 2023 年から 2024 年までの Midjourney からきた請求書をまとめ、さらにそれをスプレットシートにエクスポートして使うことなども可能です。日本語プロンプトで上手くいかない時は、英語プロンプトでメッセージを送信すると精度が高い回答をもらえます。

④ 便利な使い方2　画像内の文章を転写する

　Geminiは画像内に書いてある文章を転写、翻訳することが可能です。メッセージ入力欄から画像をアップロードし、プロンプト指示するだけで簡単に翻訳してもらうことができます。また翻訳するだけでなく、その情報を読み取って関連情報まで自動で回答してくれます。

Gemini Advanced ▼

画像内の文章を日本語に翻訳して

En contrepoint de l'exposition « Paris 1874, inventer l'impressionnisme » et à l'occasion du Salon du dessin, le musée d'Orsay présente un florilège de ses plus belles œuvres graphiques datées de 1874. À la sanguine, au fusain, au pastel, à l'aquarelle, sur papier coloré, sur calque, sur carton ou page de carnet, la sélection d'œuvres montre combien les dessinateurs se sont accomplis en 1874.

回答案を表示 ∨

 画像内の文章はフランス語で、日本語に翻訳すると以下のようになります。

オルセー美術館 1874年 素描のサロン

パリ万博における印象派誕生の100周年を記念して、オルセー美術館では1874年という特別な年に焦点を当てた展覧会を開催します。この展覧会では、印象派の画家たちがまだ若く、無名だった時代に制作した素描作品約100点を展示します。これらの作品は、彼らが独自のスタイルを模索していた時期のものであり、彼らの創造性と才能を垣間見ることができます。

展覧会情報

- 会期：2024年10月10日〜2025年1月14日
- 会場：オルセー美術館
- 住所：1 Rue de la Légion d'Honneur, 75007 Paris, France
- 電話番号：+33 1 40 49 48 14
- ウェブサイト：
  https://ja.wikipedia.org/wiki/%E3%82%AA%E3%83%AB%E3%82%BB%E3%83%BC%

見どころ

- モネ、ルノワール、ドガ、セザンヌなど、印象派の巨匠たちの初期の素描作品
- 印象派誕生前のフランス美術の潮流
- 19世紀のパリの様子

⑤ 便利な使い方 3 画像から場所を特定する

　メッセージ入力欄に「@」を付けてGoogleマップを使用し、画像内の場所を調べることが可能です。メッセージ入力欄から画像をアップロードして、場所や行き方などをプロンプト指示します。例えば、ギリシャの美しいビーチを調べてみます。正確にビーチ名や主な行き方、飛行時間や料金までかなり詳細に回答してもらうことができます。特定の場所を検索をする手間がなくなり、時短できる便利な機能です。ぜひ試してみてください。

第4章 〉〉〉 チャット形式の画像生成AIツール活用術

4 Claude 3

　Claude 3は、Anthropic社が開発した高度な言語理解力を持つテキストベースのAIモデルです。科学、数学、歴史、文化、芸術、ライティング、分析など、様々な分野の幅広い知識を持ち合わせており、ユーザーの質問に詳細かつ的確に回答を出すことができます。また、自然言語処理技術により、ユーザーとの自然なコミュニケーションが可能です。

　Claude 3の機能の一つに、画像認識機能があります。ユーザーがアップロードした写真、チャート、グラフ、図面など、幅広いビジュアル情報をAIが分析・処理し、チャット形式でユーザーとやり取りができます。留意点については、Claude 3はセキュリティー上の観点で、画像内の人物を識別できないようになっています。ここではClaude 3のアカウント作成の手順を説明し、基本的な操作方法を解説します。claude 3のプロンプトテクニックについてはユーザガイドを確認するといいでしょう。

ユーザーガイド
https://docs.anthropic.com/en/docs/welcome

留意点について
https://docs.anthropic.com/claude/docs/intro-to-prompting

① アカウント作成

1. Anthropic社の公式サイト（https://www.anthropic.com/）にアクセスします。

2. サイト上で「Talk to Claude」のボタンをクリックします。

3. メールアドレスまたはGoogleアカウントを使用して登録します。

4. 入力したメールアドレスに送信されたパスコードを使用して認証を完了します。

5. 次に、電話番号での登録が求められます。電話番号の認証を完了してください。

6. 使用上の利用規約や注意事項などの表示された情報を確認し、質問に答えて進めていきます。

7. 以上の手順を完了すると、Claude 3のアカウント作成が無事に完了します。アカウント作成後は、中間モデルのSonnetを無料で利用できます。

▼ 最上位モデル「Claude 3 Opus」の有料版 Pro アカウント登録手順

1. 画面上の右上にあるアイコンをクリックするか、チャット欄のすぐ下にある「Upgrade to Claude Pro」ボタンをクリックします。

2. 必要情報を入力し、アップグレードの申し込みを完了してください。

② Claude 3 の効果的な3つのプロンプトテクニック

- プロンプトチェーン（プロンプトを繋げて多段的に処理させる仕組み）を利用する
- 質問や疑問を投げかけて考察させることで、思考を促す
- XMLタグ（プロンプトエンジニアリング）を使用して指示をより詳細に伝える。

また、Claude 3にはプロンプトライブラリーがあり、プロンプトを学べるテンプレートがたくさん用意されているので利用すると便利です。

プロンプトのライブラリー
https://docs.anthropic.com/claude/prompt-library

③ 画像認識・分析方法の使い方と基本操作

Claude 3には、画像を認識・分析する3つの方法があります。この機能を活用することで、画像に含まれる情報を効果的に分析することができます。

1. 画像からテキストを抽出する方法
2. オブジェクトとその使用を理解する方法
3. 手書きのメモを転写する方法

画像認識機能の基本操作

Claude 3を使用するには、公式サイト（https://claude.ai/chats）にアクセスしてログインします。フォーム入力欄の右側にあるクリップアイコンから画像をアップロードし、プロンプトチェーンで画像の認識・分析（推論推

測）を行うことができます。推奨の画像サイズでアップロードすると読み取りがしやすくなります。

　例えば、画像をアップロードした後に「これは何ですか？」と質問すると、Claude 3が回答を出してくれます。現時点では、空間的推理能力（正確な位置を説明）や、テキストからAIによって画像の生成する機能はありませんが、かなり高い精度で画像を読み取ることができます。例えば、厚生労働省が公開している「日本の人口の推移」のグラフを分析してみます。Claude 3は細部まで詳細に分析し、状況や対策の方法についても回答を出してくれています。この結果から、Claude 3の分析機能が非常に高い性能を持っていることがわかります。

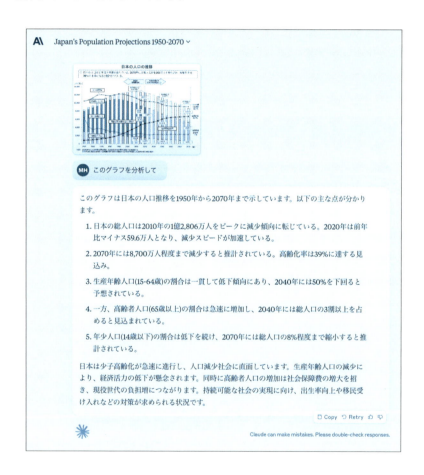

次に、例として習字の手書き画像をテキストに変換してみます。画像をアップロードして質問すると、日本語に加え芸術的な観点からも回答します。AIの学習が進むにつれ、分析能力もさらに向上していくことが期待されます。この機能を上手に活用することで、研究や仕事の効率化につなげることができるでしょう。

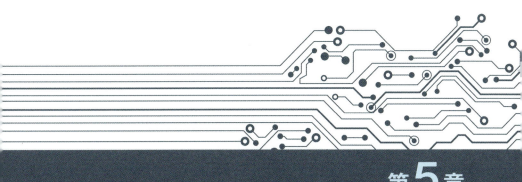

第5章
ブログに画像生成AIを活用する方法
【中級編】

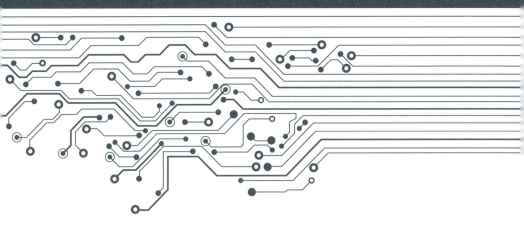

第5章 》》 ブログに画像生成 AI を活用する方法【中級編】

1 ブログに画像生成AIを活用

　ブログをバズらせるためには、視覚的に魅力的なコンテンツやオリジナリティが大切です。ここで注目したいのが、画像生成機能だけでなく画像認識機能です。画像認識機能は、画像に写っている物体を認識し、その物体の名前や説明、類似画像を表示する機能です。たとえば、画像認識機能を使って、記事に関連する最適な画像を自動的に生成したり、画像に関連する情報を詳細に検索することがすばやく可能です。

　また、画像生成 AI ではオリジナルキャラクターの作成も可能です。ウェブサイトのデザイン、ブログやコンテンツにキャラクターを取り入れることで、ブランドの個性を視覚的に表現できます。キャラクターを使ったイラストやアニメーションは、サイトの滞在時間を増やし、ユーザーエクスペリエンスを向上させます。X（旧 Twitter）や Instagram などの SNS、Tiktok や Youtube などの動画に一貫性のあるキャラクターを活用することで、フォロワーとのエンゲージメントを高められるのです。さらにキャラクターを使ったストーリー性のある投稿は、シェアやコメントを獲得しやすく、バナー広告やランディングページ、販促物などにキャラクターを使用することで、広告の印象度や記憶度を高められます。またキャラクターの人気が高まれば、キャラクターを使ったオリジナルグッズを制作し、ノベルティとして配布したり、EC サイトで販売することにも繋がるでしょう。

　本章では、画像生成 AI を活用してブログを活性化させる方法を、具体的な事例を交えながら解説します。

134

第4章 >>> チャット形式の画像生成 AI ツール活用術

2 Google Gemini と Google レンズを使う

Google Gemini に 画像を認識する機能「Google レンズ」が 導入されました。Gemini にアップロードした画像とプロンプトに入力すると Gemini が自動的で画像を認識し、プロンプトの内容に基づいて結果をリンクや画像で表示してくれます。

Gemini の画像認識機能は、無料版では 1 日あたり 10 枚の画像認識が可能で、有料版では認識枚数の制限なしに高度な機能を利用できます。画像認識機能は、まだ開発段階であり、完璧な認識精度ではないことに注意してください。

Google レンズの使用方法

ブラウザで Gemini のウェブサイトを開くか、Gemini アプリを開きます。次に、プロンプトの入力欄にある「画像をアップロード」ボタンをクリックして、認識したい画像をアップロードします。アップロード後、Gemini が自動的に画像を認識し、結果を表示します。認識結果の回答は、回答案の表示から再生成することもでき、回答を書き換える機能から「長くする」「短くする」「シンプルにする」「カジュアルにする」「専門的な表現にする」ことも可能です。最後に、結果をGoogle ドキュメントや共有、保存できます。

また、より良い認識結果を得るためには、高画質の画像の使用、画像の明るさの調整、画面中央に認識したい対象を置くなどの工夫をしましょう。複数の画像をアップロードして比較することでも、認識精度を高めることができます。さらに画像認識結果は、画像に写っているテキストの翻訳、プロンプトの内容を反映した新しい画像生成、さらなる画像を検索にも応用することが可能です。その他に、画像に写っている人物の年齢や性別、表情などを推定、画像に写っている風景の場所を推定、画像に写っている物体の価格を推定することができます。

第5章 ≫≫ ブログに画像生成AIを活用する方法【中級編】

3 Google Gemini× Googleレンズを使って 画像からブログを提案 してもらう

商品や情報を調べる際、私たちは様々なウェブサイトやブログを閲覧して、商品の特徴や価格を比較することがよくあります。この作業は時間を要し、時には手間がかかることもあります。同様に、商品を提供する側も、その魅力を伝えるために役立つ情報やページを作成することが大きな課題です。このような状況を改善するために、画像をAIに分析させて、それに基づいてブログやコンテンツの作成を提案してもらいます。商品を探している私たちも、商品の情報を伝えようとする人も、情報共有をもっと簡単かつ効率的に行えるようになるでしょう。その方法について、2つの活用事例を紹介します。

① 応用例1 画像から情報をアウトプットしてもらう

メモリーカードの画像を認識させて、画像に映っているもので何ができるかについて回答を得ます。認識が完了すると、このカードの具体的な使用方法や保存方法、推奨されるユーザー層、必要なアクセサリー、使用時の注意点、参考になるウェブサイトなど、詳細な情報が分かります。次に、そのメモリーカードに類似の商品もアウトプットしてもらいましょう。このようにして画像から比較検討するための情報を瞬時に収集し、ブログ記事に役立てることができます。この方法を活用すれば、商品詳細ページや関連する有益なコンテンツ作成が容易に可能となります。

▼ 有料版 Gemini Advanced 活用例 1

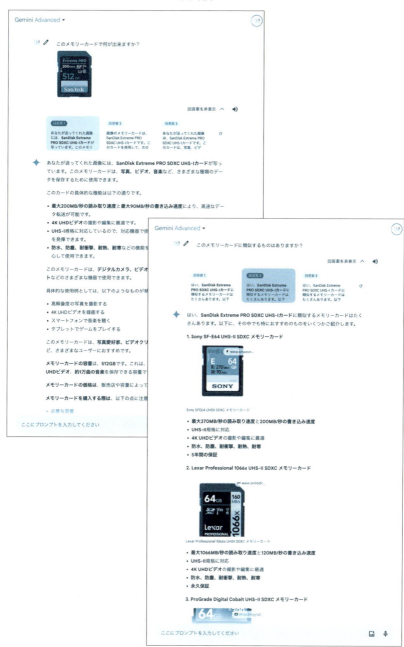

② 応用例2　画像から方法をアウトプットしてもらう

　野菜の画像を認識させて、これで何が作れるかについて回答と画像をアウトプットしもらいます。認識された野菜を使用した定番の料理や、それに関連する具体的なレシピの参考サイト、調理のコツ、さまざまなアレンジ方法についての情報を得ることが可能です。この方法は、Googleレンズが画像を分析し、インターネット上の情報を収集し、プロンプトの内容に基づき、AIが具体的に回答を出力します。この技術を使えば、幅広い料理のアイディアや、ブログやその他のコンテンツの作成に役立てることができます。

▼ 無料版 Gemini 活用例

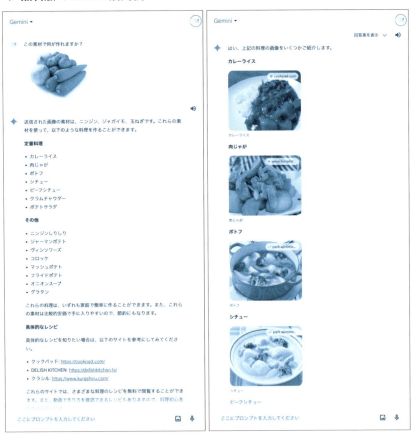

③ 応用例3　画像から特徴を分析してもらう

　機能性や特殊素材のある登山リュックの商品画像をAIに認識させ、その特徴を解析してもらいます。多数存在する類似のリュックの中で、正確にその商品を特定し、仕様や詳細情報、主要な特長や利便性について詳しく説明してくれます。この方法により、購入を検討しているユーザーが知りたい情報を迅速に提供することができます。通常は、このような情報をインターネットで調べたり、実際に試して説明すると、かなりの時間がかかりますが、画像認識機能を使えばすばやく可能です。さらに、この商品を見込み客に向けて紹介するブログ記事の作成に関しても提案をしてもらいます。回答案には、実際に使用した感想、ブログを書く際の重点ポイント、見込み客が持つニーズ、購入意欲を高めるための文章構成などが含まれます。この情報をそのまま使用するのではなくブラッシュアップが前提となりますが、ブログを構成する際の参考資料として活用できます。

▼ **有料版 Gemini Advanced 活用例**

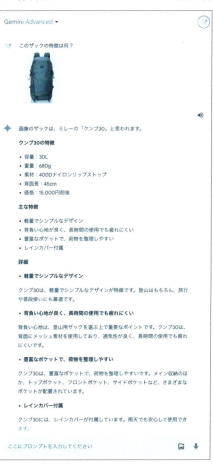

第5章 》》》 ブログに画像生成 AI を活用する方法【中級編】

4 ChatGPT を活用してキャラクターを作成する方法

　ChatGPT の DALL-E 3 を使ってオリジナルキャラクターを作成します。GPT ストアーにある「GPTs（Consistent Character GPT）」を使うことで簡単に作れます。これを使うには有料プランが必要なので、あらかじめ事前の登録を済ませておきましょう。

　やり方は簡単で、AI にキャラクターのイメージを教えるだけでできます。まず、はじめに日本語で「何が出来ますか？」と尋ねてできることを認識させます。日本語のプロンプトを使うと、AI が日本語で回答します。

　そしてキャラクターのイメージ（年齢、国籍、髪の色、服装など）について回答します。さらに、笑っている、驚いている、泣いている、怒っている表情、走っているアクション、後ろ向き、座っているポーズを変えてバリエーションを追加していきながら自由に一貫したキャラクターの作成が可能です。ピクサーアニメーションスタイルを基本としていますが、アニメ風のキャラクターデザインも簡単に生成することができるので試してみてください。

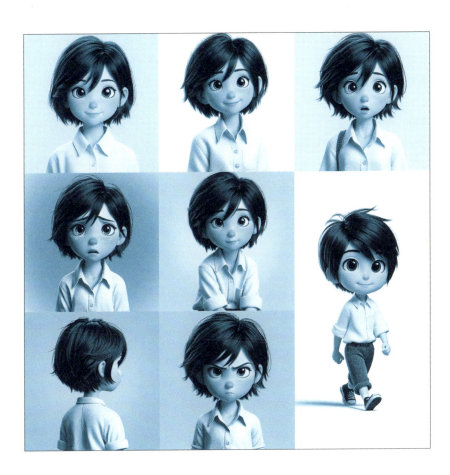

第5章 ブログに画像生成AIを活用する方法【中級編】

第4章 >>> チャット形式の画像生成 AI ツール活用術

5 Midjourney を活用して キャラクターを作成する方法

Midjourney は、高品質なキャラクターイメージを生成できる便利で優れたツールです。専門のイラストレーターに依頼することなく、一貫性のある魅力的なキャラクターを作成できます。Midjourney を使えば、キャラクターデザインにかかる時間とコストを削減でき、マーケティング活動の効率化が可能になるでしょう。キャラクター作成は、ブランディングやストーリーテリングにおいて重要な役割を果たします。魅力的なキャラクターは、ブランドへの愛着を深めることができるからです。

それでは、Midjourney を使ったキャラクター作成方法を解説していきます。

まず、Midjourney のプロンプト欄に、同一キャラの画像を複数生成させるプロンプト「multiple poses and expressions」とイメージしたいキャラクターの特徴を適用します。これにより、似たスタイルのキャラクターを複数作成することが可能になります。作成された画像の中から気に入ったキャラクターを選びましょう。

プロンプト例

cute mini girl with notebook computer, multiple poses and expressions, character sheet, stamp style, illustration,--repeat 5 --ar 16:9

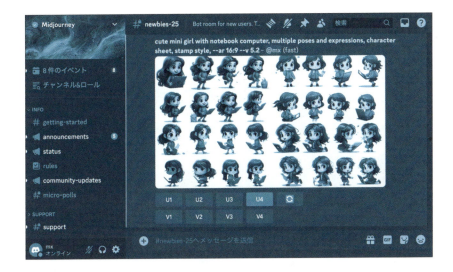

ポーズや表情を増やす方法

　選んだキャラクターのポーズや表情を増やす方法は、選んだキャラクターの画像の解像度を上げることです。今回は、4番目のキャラクターを選んでいますので「U4」をクリックします（U1からU4のボタンは解像度を上げる機能です）。

その後、「Zoom Out」や「Vary」機能を使って、沢山の表情やポーズを作ることができます。

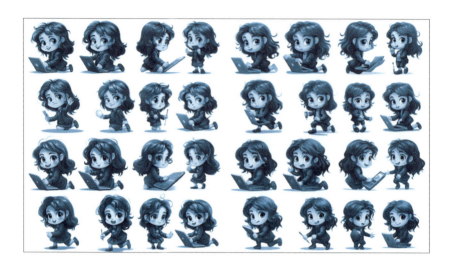

キャラクターの保存と調整方法

　保存した画像が荒い場合は、イラストの画質（解像度）を上げる必要があります。このような場合、「upscale media」などの解像度を上げる AI ツールを使用することで、簡単に画質の調整が行えます。その後、Canva、Adobe Express、Illustrator、Photoshop などのツールを使用して、イラストの切り抜き作業を行いましょう。

▼ 解像度を上げる AI ツール

Vectorizer AI
https://ja.vectorizer.ai

upscale media
https://www.upscale.media/

第5章 》》》 ブログに画像生成AIを活用する方法【中級編】

6 ChatGPT × Midjourneyを活用して
キャラクターを倍増する方法

　前節の ChatGPTのDALL-E 3で一貫したキャラクターを、Midjourney を使って作成したキャラクターで異なる表情やポーズの種類を倍増する方法を解説します。

1 ChatGPTで作成した画像を一つずつダウンロードして保存します。Midjourney のプロンプトの入力欄の左側にある「＋」ボタンをクリックして、「ファイルをアップロードする」を選択し、ChatGPTでダウンロードした画像を一つずつMidjourneyにアップロードしていきます。全ての画像をアップロード後、Enterを押します。

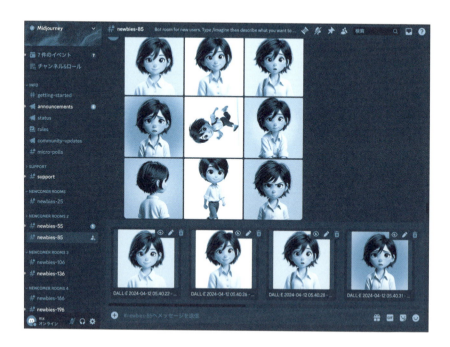

2 Midjourneyにアップロードした画像のリンクのコピーをプロンプト欄に貼り付けます。リンクのコピーは、画像を右クリックして「リンクをコピー」を選択後、プロンプト欄に一つずつリンクを貼り付けていきます。Midjourneyがイラストの様々な面や角度から引用して同じキャラクターを作ります。

※画像を右クリックで「リンクをコピー」が表示されない場合は、Midjourneyのブラウザ上のDiscordではなく、Midjourneyのアプリを使用すると表示されます。

3 プロンプト欄に貼り付けたリンクの前後に、キャラクターの具体的なイメージをテキストでプロンプトに入れます。例えば、貼り付けたリンクの前に、表情やポーズのプロンプトを入れ、貼り付けたリンクの後に、一貫させたいキャラクターの具体的なイメージや特徴のプロンプトを入れて生成します。実際に、前節でChatGPTのDALL-E 3で作った8歳の女の子の笑顔パターン、走っているシーンを生成してみると、髪型や服装など一貫したキャラクターで異なる画像を作ることができます。この方法で、同じキャラクターの表情やポーズの種類を無限に増やすことが可能です。ピクサースタイルのプロンプトをアニメ風などスタイルを変えれば、更にバリエーションも増やせます。ぜひ、AI技術を活用してオリジナルのキャラクターを作成してみてください。

プロンプト指示

8 yearold, Japanese, black short hair, boyish, pixar Animation, white blouse

---

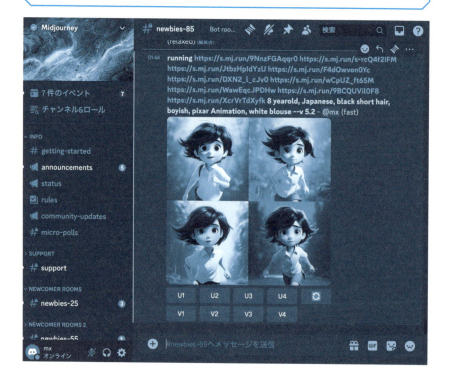

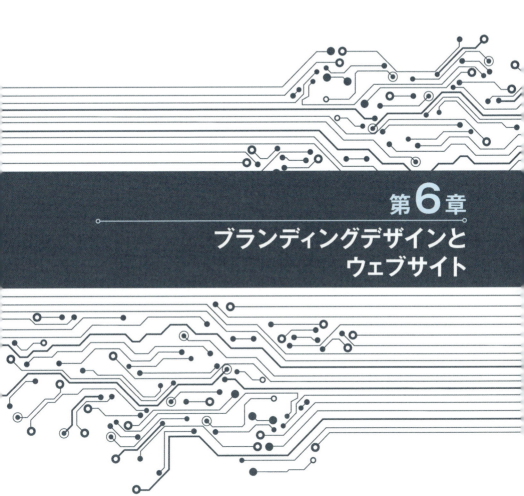

第6章
ブランディングデザインとウェブサイト

第6章 >>> ブランディングデザインとウェブサイト

1 ブランディングデザインの基本

　ウェブマーケティングと深く関連するビジュアルデザインにおいて、重要な役割をするのが「ブランディングデザイン」です。ブランディングデザインとは、企業の商品やサービスのブランドイメージを視覚的な要素にデザインすること表します。具体的には、ブランド名、ロゴ、ウェブデザイン、広告デザイン、商業デザインなどが含まれます。商品やサービスのブランドイメージの印象と価値を高め、競合と差別化し、顧客にファンになってもらうことが目的です。

　もう一つのブランディングの大きな目的は、信頼性を作るためです。ロゴのデザインからウェブデザイン、ブログデザイン、メルマガのデザイン、SNSのサムネイルデザイン、登場する人物やキャラクター、資料、活動など全てをいつも揃えて「らしさ」を統一することで一貫性が生まれます。「らしさ」とは例えば、「子供らしさ」「大人らしさ」「日本らしさ」といった、他とは異なる雰囲気や性質を表現するときに使います。ブランドに一貫性がないと、「らしさ」が感じられず、どこか信頼感がなくなります。反対に、そのブランドしかないものを作って統一感を設定すると、信頼性のあるものになります。このように、デザインが統一されていなかったりセンスを感じさせないものだったりすると、ブランディングにおいてはマイナスになります。ブランディングのデザインを統一させて一貫性を作ることはビジネスにおいてとても重要です。

　ビジネス戦略でブランディングデザインを形成するには、ブランドコンセプトから出発し、ステップを踏むことがポイントです。まず、ブランドのビジョン、ミッション、差別化するための「らしさ（キャラ）」を明確に設定します。次にターゲット層を具体的に定義します。そして、ブランド名の候補を考えていきます。ブランド名を決めるときは、発音のしやすさや商標

登録の可能性、デザインの方向などを絞り込みましょう。社内や第3者の意見をまとめて、ターゲット層へのアンケートなどを参考にして最終決定を行います。これらのステップで、ブランドのイメージとビジネスに直結する重要な要素となるブランド名を慎重に検討しましょう。

　この章では、AIの技術を使ってブランドのコンセプトからブランド名を導き出し、さらには画像生成AIを使ってロゴデザインから商品デザイン、ウェブデザインまで一貫性のあるブランディングデザインを導き出す方法をChatGPT と Midjourney を利用して解説します。ChatGPTの無料版または有料版どちらも利用可能ですが、より高いクオリティを求める場合は有料版をおすすめします。ChatGPT以外のチャット形式AIでもこの方法は可能なので、好みのAI技術を利用して挑戦してみてください。

第6章

ブランディングデザインとウェブサイト

第6章 ブランディングデザインとウェブサイト

2　ChatGPT × Midjourney ブランドの理念からブランド名を決める

　例として題材はオーガニック化粧品のブランドで、ブランドの理念は「100%ピュアオイル」とします。ChatGPTの無料版と有料版の両方を使用して、理念や概念に基づくブランド名の提案をしてもらい、その結果を比較していきます。

> プロンプトの入力例
>
> **100%ピュアオイルを専門にしたオーガニック化粧品のブランド名のアイデアをいくつか提案してください。**

▼ ChatGPT 無料版と有料版のブランド名比較

You
100%ピュアオイルを専門にしたオーガニック化粧品のブランド名のアイデアをいくつか提案してください。

ChatGPT
1. ピュアエッセンス
2. オーガニックピュリティ
3. ナチュラルオイルシークレット
4. ピュアブレンドビューティー
5. グリーンオイルエッセンス
6. ピュアオーガニックセレクト
7. ピュアオーガニックヘイヴン
8. ピュアシンプリティオイル
9. オーガニックエンシェントオイル
10. ピュアオイルコスメティクス

好みのものがない場合は、プロンプトに「追加でいくつか提案してください。」といったように追加しましょう。次のステップから、例として無料版の「5. ピュアオーガニックセレクト」のブランド名に決め、ブランディングデザイン展開をしていきます。

ChatGPT
オーガニック化粧品のブランド名を考える際には、自然、純粋さ、オーガニックのイメージを想起させるような名前が適しています。ここにいくつかの提案をします：

1. ピュアヴェール
2. エコエッセンス
3. オーガニックルミエール
4. ナチュレナビタ
5. グリーンドロップ
6. ビオネスク
7. エーテルナチュラ
8. サンクタピュア
9. ヴィーダオーガニカ
10. ネイチャーリッチ

これらの名前は、純粋でオーガニックな成分にフォーカスを当てた製品のイメージに合うようにデザインされています。どのブランド名も、製品が持つ自然由来の純粋さと品質を顧客に伝えることができます。

第6章 >>> ブランディングデザインとウェブサイト

3 ChatGPT × Midjourney ブランド名から
ロゴを作成する

① ロゴのイメージを提案してもらう

　提案の中から「ピュアオーガニックセレクト」のブランド名を選んだと
しましょう。ブランド名からロゴを生成するためのイメージを ChatGPT に
提案してもらいます。

─ プロンプトの入力例 ─

　上記のピュアオーガニックセレクトのブランド名でロゴデザインのアイデ
アを考えてください。

You
上記のピュアオーガニックセレクトのブランド名でロゴデザインのアイデアを考え
てください。

ChatGPT
「ピュアオーガニックセレクト」のブランド名に基づいて、以下のようなロゴデザ
インのアイデアが考えられます。

1. **シンプルな葉のアイコン**：ロゴの中央にシンプルな葉のアイコンを配置し、その周
   りに「ピュアオーガニックセレクト」のテキストを配置します。葉のデザインは自
   然な感じであり、ブランドのオーガニック性を強調します。
2. **ボトルと葉の組み合わせ**：ロゴの中央に小さなボトルのアイコンを配置し、その上
   に葉を描きます。ボトルはオイルを象徴し、葉はオーガニックの要素を表します。
3. **流れるような文字**：「ピュアオーガニックセレクト」の文字を、やわらかく流れる
   ような書体でデザインします。文字の一部には葉や植物の要素を取り入れ、ブラン
   ドの自然なイメージを表現します。
4. **オーガニックカラーパレット**：ロゴのカラーパレットには、自然な色合いのグリー
   ンやブラウンを使用します。これらの色はオーガニック製品を想起させ、ブランド
   のコンセプトを視覚的に強調します。
5. **シンボルとテキストの組み合わせ**：ロゴの左側にはシンプルな葉のシルエットを配
   置し、その右側に「ピュアオーガニックセレクト」のテキストを添えます。シンボ
   ルとテキストを組み合わせることで、ブランドのアイデンティティを強調します。

これらのアイデアは、ブランドのオーガニック性とピュアなイメージを反映し、視
覚的に魅力的なロゴデザインを提供することができます。

154

② アイデアを英文に翻訳する

　日本語で画像の内容を記述したら、ChatGPTを活用して自然な英語に翻訳します。

You
上記を英語に翻訳してください。

ChatGPT
Here are the translated logo design ideas based on the brand name "Pure Organic Select":

1. **Simple Leaf Icon**: Place a simple leaf icon at the center of the logo, surrounded by the text "Pure Organic Select". The leaf design should evoke a natural feel, emphasizing the brand's organic nature.
2. **Bottle and Leaf Combination**: Position a small bottle icon at the center of the logo, with a leaf drawn above it. The bottle symbolizes oil, while the leaf represents organic elements.
3. **Flowing Text**: Design the text "Pure Organic Select" in a soft, flowing font. Incorporate elements of leaves or plants into some of the letters to visually reinforce the brand's natural image.
4. **Organic Color Palette**: Use natural tones of green and brown in the logo's color palette. These colors evoke organic products, visually emphasizing the brand's concept.
5. **Symbol and Text Combination**: Place a simple leaf silhouette on the left side of the logo, with the text "Pure Organic Select" on the right. Combining a symbol with text helps to reinforce the brand's identity visually.

These ideas aim to reflect the brand's organic nature and pure image while providing visually appealing logo designs.

　ChatGPTを使って、英語のテキストをよりシンプルに自然な言葉に編集してもらいます。Midjourneyは、英語のプロンプトに最適化されているため、日本語のプロンプトをそのまま使わずに、自然で的確な英語のプロンプトにするとイメージに近いロゴを生成しやすくなります。

You
上記のアイデアの表現をシンプルにしてください。

ChatGPT
Sure, here are the simplified expressions of the ideas:

1. **Leaf Icon**: Use a simple leaf icon with the text "Pure Organic Select".
2. **Bottle and Leaf**: Combine a small bottle icon with a leaf above it.
3. **Flowing Text**: Design "Pure Organic Select" in a soft, flowing font with subtle leaf elements.
4. **Natural Colors**: Use green and brown tones for the logo's color palette.
5. **Symbol-Text Combo**: Pair a leaf silhouette with "Pure Organic Select".

第6章　ブランディングデザインとウェブサイト

③ Midjourney でロゴを作成する

　ChatGPTからの5つの提案をそれぞれMidjourneyのプロンプト欄にコピー＆ペーストし、画像を生成してみましょう。直接貼り付けても画像は生成されますが、プロンプト内でカンマ（,）を使って内容を分け、調整するとより高いクオリティになります。プロンプトの始めに「logo style」や「flat vector logo,」などのフレーズを加えることで、目的のロゴを作成できます。そして、「white background」を追加して背景を白に設定すると、画像編集ツールで背景を選択しやすくなり、編集作業が効率的になります。

──プロンプト指示の入力例──
logo style, Leaf Icon, a simple leaf icon white background

第6章 〉〉〉 ブランディングデザインとウェブサイト

4 ChatGPT × Midjourney
ロゴから店舗をデザインする

　ChatGPTを活用してアウトプットしたロゴデザインを出発点として、それに基づく店舗デザインのアイデアを展開します。この方法では、販売している商品や提供しているサービスの特徴、魅力点、専門性を明確にChatGPTに伝えることがポイントです。たとえば、「100％ピュアオイル」というブランドコンセプトを持つオーガニック化粧品ブランドの場合、そのコンセプトをプロンプトに含めることで、自然由来の純粋な成分のみを使用していることや、肌にやさしいことを強調します。 アウトプットしたテキスト文が長い場合は、前回と同様に、ChatGPTを使ってテキスト文をよりシンプルな表現に編集してもらい英文に翻訳します。さらに翻訳した英文をMidjourneyのプロンプト欄にコピー＆ペーストで画像を生成します。有料版ChatGPTのプロンプトで生成した画像は、インテリアに明るさと高級感が出て、鮮明でデザイン性が高くなります。

┌─ **プロンプトの入力例** ─────────────

　上記のロゴデザインをイメージしたオーガニック化粧品を販売する店舗デザインのアイデアを考えてください。

You

上記のロゴデザインをイメージしたオーガニック化粧品を販売する店舗デザインのアイデアを考えてください。

ChatGPT

以下は、上記のロゴデザインをイメージしたオーガニック化粧品を販売する店舗のデザインアイデアです。

1. **ナチュラルな素材**: 店舗の内装や家具には、自然な素材を使用します。木製のディスプレイ棚やカウンター、石や大理石のカウンタートップなど、自然な雰囲気を演出します。
2. **グリーンウォール**: 店舗内の一部には、グリーンウォールや植物を配置します。これにより、自然の一部を店舗内に取り入れ、空間全体にリラックスした雰囲気を醸し出します。
3. **ナチュラルライティング**: 天然光を最大限に活用するために、店舗内には大きな窓や天窓を設けます。また、柔らかい照明や自然光を模倣したLEDライトを使用して、心地よい明るさを提供します。
4. **試供品エリア**: 店内には、顧客が製品を試して体験できる試供品エリアを設けます。清潔感のあるテーブルや鏡、手洗い設備を完備し、商品を試す環境を整えます。
5. **オーガニックのサイン**: 店舗の入り口や内装には、自然やオーガニック製品を象徴するサインやポスターを配置します。これにより、店舗のテーマが明確に伝わります。
6. **リラックスエリア**: お客様がくつろげるスペースを設けます。快適なソファや椅子、コーヒーテーブルを配置し、ショッピングの合間にリラックスできる場所を提供します。

　これらのデザインはそのまま使用することもできますが、今後のデザインを考える上でのたたき台として利用するのがおすすめです。この画像を元に、よりブラッシュアップを図りましょう。

▼ ChatGPT 有料版のプロンプトで生成した店舗デザイン

▼ 無料版のプロンプトで生成した店舗デザイン

第6章 >>> ブランディングデザインとウェブサイト

ChatGPT × Midjourney
[5] ロゴからパッケージをデザインする

　ChatGPT を活用してアウトプットしたこれまでのブランドイメージか
ら、オーガニック化粧品のパッケージアイデアを深掘りし展開します。前回
と同様に、アウトプットした英文を Midjourney のプロンプト欄にコピー＆
ペーストで画像を生成します。ChatGPTの言語処理能力と Midjourney の画
像生成力を駆使することで、ブランドの本質を捉えつつ、テーマのブランド
ストーリーを取り入れたオーガニック化粧品のアイデアを効率的に生み出す
ことができます。実際に無料版と有料版のChatGPTプロンプトで生成した
画像を比較すると、有料版 ChatGPT のプロンプトで生成した画像の方は
ハーブも含まれた構図になり完成度が高いことが見て取れます。

┌─ プロンプトの入力例 ─

上記のブランドイメージのオーガニック化粧品を考えてください。

You
上記のブランドイメージのオーガニック化粧品を考えてください。

ChatGPT
上記のブランドイメージに基づいて、以下のようなオーガニック化粧品のアイテム
を考えることができます。

1. **オーガニックフェイスオイル**: 自然由来の成分を使用し、肌に潤いを与えるフェイ
   スオイル。植物エキスやビタミンを豊富に含み、肌の健康をサポートします。
2. **ナチュラルリップバーム**: シアバターやココナッツオイルなどの保湿成分を含ん
   だ、唇をやさしくケアするリップバーム。オーガニックな味や香りが特徴です。
3. **オーガニックフェイスマスク**: ハチミツやアボカドなどの栄養豊富な成分を使用し
   た、肌をしっとりと保湿するフェイスマスク。自然の恵みを肌に閉じ込めます。
4. **オーガニックボディローション**: アロエベラやヨハンニスベリーなどの自然の成分
   を配合した、全身に使える保湿ローション。肌を柔らかくしなやかに保ちます。
5. **ナチュラルアイシャドウパレット**: 植物由来の顔料を使用した、自然な色合いのア
   イシャドウパレット。肌に優しい成分で、自然なメイクを楽しめます。

▼ **ChatGPT 有料版のプロンプトで生成したパッケージデザイン**

▼ 無料版のプロンプトで生成したパッケージデザイン

第6章 ブランディングデザインとウェブサイト

第6章 >>> ブランディングデザインとウェブサイト

ChatGPT × Midjourney
6 ブランドの全体像から ウェブデザインを導き出す

　有料版 ChatGPT を利用して、ウェブサイトのデザインについて説明して
もらい、画像生成 AI を使って視覚化する方法について解説します。ここで
ポイントになるのは、商品やサービスの特徴、そして、希望のカラーや雰囲
気など、デザインに込めたい要素を具体的に ChatGPT に伝えることです。
これらをもとにウェブサイトのイメージについてアウトプットしてもらいま
す。

　そして、前回と同様に、アウトプットしたテキスト文を簡潔な表現に編
集してもらい、最後に英文に翻訳します。翻訳した英文をそのまま Midjour-
ney のプロンプト欄にコピー＆ペーストで画像を生成します。

┌─ **プロンプトの入力例** ─────────────────

**シンプル、オーガニック、現代的なデザインで、100％植物のピュアオ
イルを原料にしたオーガニック商品を販売するウェブサイトのイメージを
具体的に説明してください。**

└──────────────────────────────────

左：はじめにアプトプットしたもの　右：シンプルな表現に編集したもの

ChatGPT 4 ⌄

You
シンプル、オーガニック、現代的なデザインで、100％植物のピュアオイルを原料にしたオーガニック商品を販売するウェブサイトのイメージを具体的に説明してください。

ChatGPT
シンプルでオーガニック、現代的なデザインのウェブサイトイメージを具体的に説明しますね。このウェブサイトは、100％植物由来のピュアオイルを原料としたオーガニック商品を販売することをコンセプトにしています。

カラーパレット
- **メインカラー**:淡い緑色と白。これらの色は自然と清潔感を象徴し、オーガニック製品のイメージにぴったりです。
- **アクセントカラー**:金色や薄い木の色をアクセントとして用いることで、高品質であることを暗示し、地球と自然へのリンクを強調します。

レイアウト
- **シンプルなナビゲーションバー**:ユーザーが求める情報へ簡単にアクセスできるよう、シンプルで直感的なナビゲーションバーを配置します。
- **大きなヒーローイメージ**:商品の魅力を一目で伝えるために、高品質のオーガニックオイルを使用した製品の画像や、その原料となる植物の美しい写真を大きくフィーチャーします。
- **グリッドレイアウトの製品展示**:製品を整理しやすく視認性の高いグリッド形式で表示し、ユーザーが製品を簡単に見つけられるようにします。

テクスチャーと素材
- **自然素材のテクスチャ**:木目調や石のテクスチャをサイトの背景やセクションのデザインに取り入れることで、オーガニックな雰囲気を強化します。
- **透明性のある素材**:ガラス瓶や透明な容器に入った製品の写真を用いることで、ピュアで高品質な内容物を強調します。

フォントとテキスト
- **モダンで読みやすいフォント**:シンプルかつ現代的なフォントを選び、清潔感とプロフェッショナリズムを表現します。
- **コンテンツ**:製品のオーガニック認証、持続可能な生産方法、100％植物由来成分など、購入者が価値を感じる情報を明確に伝えます。

インタラクティブ要素
- **製品レビューと評価**:購入者のレ構築し、他の購入者への参考情報
- **ストーリーテリング**:ウェブサイ
源、製造プロセスなど）を語り、

You
上記をもう少しシンプルな表現にまとめてください。

ChatGPT
このウェブサイトは、シンプルで現代的、かつオーガニックな感覚を重視したデザインを特徴とします。メインカラーには、自然と清潔感を象徴する淡い緑色と白を採用。高品質さを示す金色や木の色をアクセントに用います。ユーザーが直感的に操作できるシンプルなナビゲーションバー、製品の魅力を際立たせる大きな画像、製品を見やすく整理したグリッド形式の展示があります。自然を感じさせる木目調や石のテクスチャ、製品の純粋さを強調する透明な容器の写真、モダンで読みやすいフォントを使用。製品のオーガニック認証や持続可能な生産方法に焦点を当てたコンテンツを提供し、購入者レビューや製品背景のストーリーテリングで信頼と感情的なつながりを築きます。このデザインは、高品質なオーガニック商品を提供するとともに、持続可能性と自然への尊重を大切にするブランドイメージを強く打ち出します。

▼ ChatGPT 有料版のプロンプトで生成したウェブデザイン

▼ 無料版のプロンプトで生成したウェブデザイン

ブランディングデザインにおいて、ブランド名を出発点にしてブランディングのアイデアを生み出し、一貫性のあるデザインに具現化することは難しい作業です。この課題を効率的にするための一つの方法として、ChatGPTのようなチャット形式AIと画像生成AIツールを組み合わせて活用します。この2つのAI技術をフルに駆使することで、ブランドの土台となる理念や概念から、そのブランドの名前、ロゴ、店舗、パッケージ、ウェブサイトのデザインまで、ブランディングに必要なビジュアルデザインをはじめから順に作り出すことができます。

　もちろんすべてのデザインはブラッシュアップをすることが前提となりますが、たたき台としては最適です。さらに、AIが提案したプロンプトを少し変えたり加えたりすれば、違うデザインやテイストの形になり、思っても見なかった発想の展開にも繋がります。このようにAIの技術で効率的に新しいビジュアルデザインのアイデアを数多く出して、ブランディングデザインの幅を広げることができます。

　ブランディングデザインにおいては、ブランディングのイメージやビジネス戦略に合わせて、商品やサービスのテーマをハッキリさせておくことが大切です。AIを使ったブランディング展開でも、この点は変わりません。このようにスタート地点をしっかり決めておくことで、AIの力をフルに活用して一貫性と説得力のあるブランディングデザインを意図的に作り出すことが可能になります。

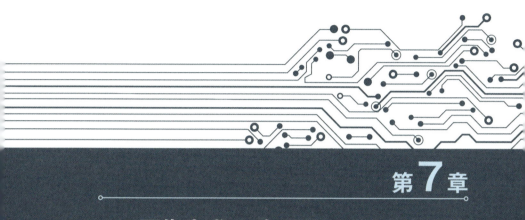

第7章

画像生成AIをSEOに活かす方法

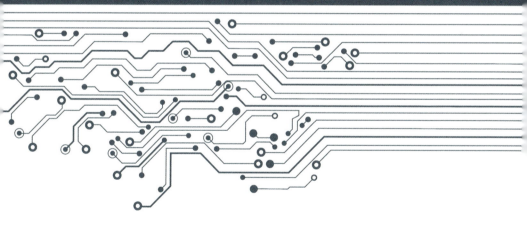

第7章 >>> 画像生成 AI を SEO に活かす方法

1 画像 SEO とは

　画像 SEO とは、ウェブサイトやブログ内の画像を最適化することで、検索エンジンの結果でより上位に表示されるようにする対策の一つです。Google は、画像を使用していない文字だけのブログを、ブログの質にかかわらず低品質なコンテンツとみなす傾向にあります。その理由は、ユーザーがテキストよりも画像を好む傾向にあることと、人間の脳が画像からの情報をより効率的に処理できるという特性があるためと言われています。実際、人間の脳の約80％が視覚処理に関連しており、Google はこういった人間の脳の構造から、視覚情報を重視したアルゴリズムを使用しています。

　画像の最適化は、ユーザーがウェブサイトを快適に利用できる要因の一つで、Google が重視するポイントでもあります。文章と画像を効果的に組み合わせることで、ウェブサイト全体の使い勝手やユーザーのサイト閲覧体験（UI）を向上するため、Google から高く評価される独自のアルゴリズムの基準となっています。このようにユーザー体験を高めることは、Google の評価も上がり、検索結果での上位表示がより速く達成される可能性があります。この章では、どのように画像を最適化すれば良いのか、また、画像生成 AI を使って効率的に SEO に活かす方法について具体的に解説します。

第7章 >>> 画像生成 AI を SEO に活かす方法

2 画像を使って検索結果の上位表示を狙う

① E-E-A-T を知ろう

　SEO 対策するにあたり重要な要素となる、E-E-A-T（ダブルイーエーティー）について理解を深める必要があります。E-E-A-T とは、Experience（経験）、Expertise（専門性）、Authoritativeness（権威性）、Trustworthiness（信頼性）の頭文字を取ったものです。これは Google が定めた、高品質なウェブサイトやコンテンツを評価するための独自の基準であり、検索結果の品質を判断する際に重視されている指標の一つとなっています。E-E-A-T は、コンテンツの制作者や発信者が、そのトピックについてどれだけの知識や経験を持っているか、また、その分野で権威として認知され、ユーザーから信用されているかを評価する指標です。

　例えば、医療や金融などの専門性が求められる分野では、資格を持った専門家が提供する信頼性の高い情報が重要視されます。Google は、検索結果の品質を維持し、ユーザーに最適な情報を提供するために、E-E-A-T を重要な指標として位置付けています。E-E-A-T を意識した SEO 対策を行うことで、検索エンジンからの評価を高め検索結果の上位表示を目指せます。

② E-E-A-T の E 対策

　2022 年 12 月の Google コアアップデートから「Experience（経験）」が新たに追加された E-E-A-T の「E」は、ユーザー体験やコンテンツの作成者の経験を評価する判断基準で、具体的には、特定のトピックや分野において、コンテンツ作成者が実際に経験を積んでいるかどうかを指します。Experience を高めるには、自身の具体的な事例や体験談をコンテンツに盛り込むのが有効で、ユーザーにとって理解しやすく説得力のあるコンテンツと判断されます。

またもう一つのEである「Expertise（専門性）」を高めるには、例えば専門家や経験豊富な人にインタビューを行って、その内容をコンテンツにまとめることや専門家の知見を取り入れることなどが有効です。

専門性を高めるために、自身の経歴や資格、実績などの情報をプロフィールページやサイト内に掲載し専門性をアピールすることで、ユーザーの信頼を獲得できます。

他には、実際に訪れた場所の体験記や、使用した製品・サービスのレビュー記事を作成すると、ユーザーにとって体験したような参考になるコンテンツになります。ユーザーにとって信頼できる役に立つ情報は、文字だけの情報ではなく、画像や動画があって分かりやすく読みやすいコンテンツです。その道の専門家が書いている独自の経験談や情報は、誰が書いたかわからないブログやコンテンツよりも説得力があり、ユーザーに信頼性を与えます。このような付加価値のあるコンテンツを提供するサイトやページを、Googleは高く評価するようになりました。E-E-A-Tを意識した対策を行うことで、検索結果の品質評価が上がり、検索上位への表示が期待できます。さらにコンテンツだけでなくウェブサイト全体の使い勝手を向上させることも、ユーザー体験を高める上で重要です。

Google 検索セントラル - 有用で信頼性の高い、ユーザーを第一に考えたコンテンツの作成:
https://developers.google.com/search/docs/fundamentals/creating-helpful-content?hl=ja

③ 画像の最適化（Google AI に高く評価される画像）

Googleの人工知能（AI）が高く評価する画像をウェブサイト上で効果的に使用することで、検索結果でより高い位置を獲得することが可能です。そのためには、いくつかのポイントを押さえる必要があります。1つは、トピックに関連する画像を選択することです。単にこの画像が好きだからという理由で選択しても、検索クエリと関連性がなければGoogle AIに評価されません。検索クエリと関連性の高い画像をその説明文の近くに配置することでSEOの効果を高められます。

172

画像引用元：Google ガイドライン

検索クエリとは

　検索クエリとは、ユーザーが検索エンジンに入力するキーワードや検索語のことを指します。「検索クエリとの関連性」とは、ユーザーが検索する際に使用するキーワードと、ウェブサイトのコンテンツや画像がどの程度関連しているかを示します。検索エンジンは、ユーザーが入力した検索クエリに対して最も関連性の高いコンテンツを上位に表示しようとします。具体的なSEO対策は、ターゲットとする検索クエリを調査し、関連性の高いキーワードを選定します。ブログやコンテンツ内でキーワードを自然に使用し、関連性を高めます。

　次に、高く評価される画像は、オリジナルの画像です。フリー素材や素材集の画像をそのまま使用するよりも、自身が撮影した写真やデザイン作成した画像を使用することで、コンテンツの独自性を高めることができるためユーザー体験が向上して、結果的にGoogle AIから評価も上がります。

　ウェブサイトやページで画像を使用する際の注意点としては、ページの見出しタイトルやメニュー項目など、重要なテキスト要素に画像を埋め込まないことです。リンクボタンも画像ではなくCSSやHTMLタグで記述する方がSEOには有効です。その理由は、画像ボタンを使用すると、ボタンの内容が検索エンジンに認識されないことや視覚障害などのユーザーにとって

使いにくい場合があるからです。また、画像ボタンはテキストよりもファイルサイズが大きくなり、ページの読み込み速度が遅くなります。ページの読み込み速度もSEOの評価項目の一つのため、なるべく避けたほうがいいでしょう。しかし、例外的に画像ボタンの方がユーザーにとって使いやすいケースの場合は、SEOの観点でも問題にはなりません。

　他にも注意点としては、画像にテキストを埋め込むことは避けましょう。その理由は、画像のファイルサイズが大きくなることと、画像が読み込みにくくなることや、視覚障害のある方など画像を見ることができないユーザーにとって情報が伝わりにくいといったことからです。しかし、画像内のテキストを適切に設定することで、検索エンジンが画像の内容を理解しやすくなる場合もあります。画像にテキストを入れるかどうかは、ウェブサイトの目的やデザイン性など総合的に考慮して判断しましょう。

　また、高画質でデータ容量を抑えたブレがない鮮明な画像にすることも重要です。特に、最近のモバイル端末は高精細なディスプレイで鮮明に映し出されるため、サイズが小さい画像やぼやけた画像を使用すると、モバイルユーザーの体験が下がります。

画像引用元：Googleガイドライン

画像引用元：Google ガイドライン

④ 画像の URL を最適化（SEO 内部対策）

　画像のファイル名は、数字の羅列などのファイル名は避けて、意味のある名前に変更しましょう。そうすることで、検索エンジンのクロールが画像リンクのURLを理解しやすくなります。またよくありがちなのが、画像のファイル名に日本語が含まれている場合です。日本語には、Shift_JIS、UTF-8、EUC-JPなど、複数の文字コードが存在します。画像のファイル名が日本語になっているとシステム・ブラウザ・Webサーバーなどが異なる文字コードを使用している場合、文字化けします。画像ファイル名の文字化けは、検索エンジンのクロールが画像リンクのURLを理解しにくくなる原因の一つになるため、SEO的に不利です。文字化けを防ぐために、ファイル名にはなるべく半角英数字を使用しましょう。

クロールとは

　クロールとは、検索エンジンがインターネット上のWebサイトを巡回して情報を収集するプロセスです。収集された情報は、検索エンジンのインデックスに登録されます。クロールを行うロボットは、クローラー、スパイダー、ボットなどと呼ばれています。これらのロボットは、WebサイトのURLをたどって、次々とページを訪問していきます。

▼ クロールで収集される情報

- ページのタイトル
- メタ情報
- ページの内容や内部ソース
- 画像、動画
- リンク

▼ アンダーバー（ _ ）の使用に関する注意点

　Googleのガイドラインでは、URLにはハイフンを使用することを推奨しています。これは、ハイフンが単語の区切りとして認識されるため、検索エンジンがコンテンツの内容をより理解しやすくなるからです。一方で、アンダーバーは単語の区切りとしては認識されません。SEOの観点からは、画像ファイル名にはアンダーバーではなくハイフンを使用する方が望ましいです。またURLにアンダーバーが含まれている場合、一部のユーザーはアンダーバーがリンクの一部ではないと誤解し、クリックしない可能性があります。

　このため、ユーザーエクスペリエンスの観点からも、ハイフンの使用が推奨されています。

```
https://example.com/images/flower-clipart.png
https://example.com/images/plants/flower-clipart.png
```

```
https://example.com/dsc01138.png
https://example.com/image.png?session=1234567
```

画像引用元：Googleガイドライン

▼ 画像ファイル形式を選択する際のポイント

JPEG：写真など、色やグラデーションが多い画像に適しています。
PNG：ロゴやイラストなど、透過処理をしたい画像に適しています。
GIF：アニメーション画像に適しています。
WebP：JPEGよりもファイルサイズが小さく、画質も比較的良い新しい形式です。

✕ IMG00032.JPG
◯ my-new-black-kitten.jpg

⑤ ALTタグの正しい書き方と注意点（SEO内部対策）

　SEOに関する質問でよくあるのが、ALTタグについてです。ALTタグは、画像が表示できない時や視覚障害のあるユーザーがスクリーンリーダーを使用する際に上げられるテキストのためのものなので、画像を正確に説明する内容を入れるのが好ましいです。検索エンジンの上位表示を狙うキーワードを羅列したり無理にワードを詰め込むのは、Googleのガイドラインによれば有害（スパム行為）とされているので避けましょう。

　また、画像生成AIで作成した画像のプロンプトをALTタグに入れることは推奨しません。プロンプトは画像生成をするテキストで、画像を正確に説明する内容ではないので効果がないと考えられます。もし、画像に適切な説明が思い浮かばない場合、何も書かない（alt=""として空にする）方が無難で安全です。内容を記入しない場合でも、ALT属性は空の状態で残し、HTMLが正しく保たれるようにしましょう。ALTタグを削除せず、適切に使用することが重要です。

▼ わかりやすい代替テキスト例

- ⊘ 悪い例（代替テキストがない）： `<img src="puppy.jpg"/>`
- ⊘ 悪い例（キーワードの乱用）： `<img src="puppy.jpg" alt="puppy dog baby dog pup pups puppies doggies pups litter puppies dog retriever labrador wolfhound setter pointer puppy jack russell terrier puppies dog food cheap dogfood puppy food"/>`
- ✓ 良い例： `<img src="puppy.jpg" alt="puppy"/>`
- ✓ 最も良い例： `<img src="puppy.jpg" alt="Dalmatian puppy playing fetch"/>`

引用元：Google ガイドライン　https://developers.google.com/
画像引用元：Google ガイドライン

第7章 >>> 画像生成 AI を SEO に活かす方法

3 画像に秘められた キーワードを発見する

　AI画像生成サービスMidjourneyには、SEO対策に役立つ2つの便利な機能があります。一つ目の機能「プロンプトアナライザー」は、入力したプロンプトのキーワードを自動で分析してもらい、優先順位をつけて画像を作ります。この機能を使うことで、検索でユーザーが意図したキーワードを重視した画像や、あなたの伝えたい内容を重視した画像が生成されます。入力したテキストから重要なキーワードを抽出し、その重要度に応じて画像生成に反映させたり、ユーザーの意図を汲み取った、より適切な画像を生成することが可能です。

　2つ目の機能は、アップロードした画像を分析してもらい、その画像の生成に使われたプロンプトの内容を探ることができます。この機能を使うことで、画像がどんなキーワードを重視しているのかがわかります。この画像分析機能は、読み込んだ画像からキーワードを抽出し、その画像がどのようなプロンプトを元に生成されたのかを推測します。画像の内容や特徴が分かれば、同様の画像を生成するための手がかりを得られます。

　この2つの機能を活用することで、SEO対策に役立つ、検索結果での上位表示につながるような関連性の高い画像を生成できます。適切なキーワードを含む画像を使うことで、ウェブサイトのコンテンツの関連性を高め、検索エンジンからの評価を上げることができるでしょう。SEOにおいて、画像の最適化は重要な要素の一つです。関連性の高いキーワードを含む画像を使用することで、検索エンジンがウェブサイトのコンテンツを適切に理解し、検索結果での表示順位を上げることにつながります。また、この機能は、AI画像生成に不慣れな方でも簡単に使えるため、ウェブサイトのコンテンツ制作に掛かる時間と手間を大幅に削減できるでしょう。Midjourneyを使って、SEO対策に効果的な画像を作ってみましょう！

① Midjourneyのプロンプトアナライザー機能で重視するプロンプトを調べる

「プロンプトアナライザー」を使用する場合は、Discordのプロンプト入力欄に「/shorten」と入力し、その後に通常と同じようにプロンプトを入力します。

前章で紹介した、ChatGPTに提案してもらった商品パッケージデザインのプロンプトを使って試してみます。そうすると、生成するためのプロンプトを短く直してくれます。また不要なフレーズも確認できます。

「Show Details」の表示ボタンがあるのでクリックすると、「Important tokens」の分析結果が表示されます。分析結果の見方は、画像の質を表すスコアが高いほど、高品質な画像であることを示します。また画像に含まれる要素を表すキーワードが表示され、さらに画像のスタイルに関する情報、画像の構図や色に関する情報が表示されます。この方法で、重視しているプロンプトを調べることができます。簡潔に編集された5つのプロンプトの中から好みの番号、または全てを選択して画像を生成します。このように、不要なプロンプトを除いた短いプロンプトはより完成度の高い画像を生成することができます。

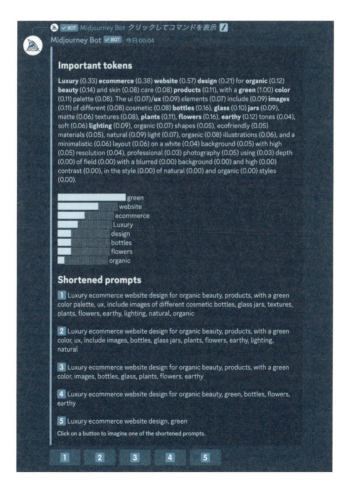

▼ 4番目のプロンプトを使った画像生成

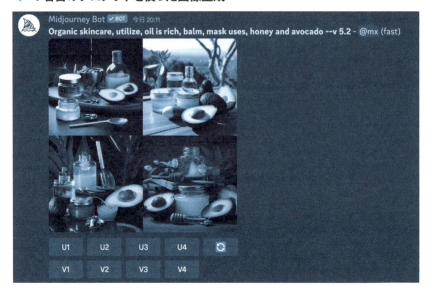

② Midjourneyで読み込んだ画像のプロンプトを調べ、キーワードを見つける

「/describe 機能」を使って、読み込んだ画像からプロンプトを調べ、分析結果の情報を表示する方法です。Discordのプロンプト入力欄に「/describe」と入力し、分析したい画像をアップロードします。前章で紹介した、ChatGPTに提案してもらったプロンプトで生成したウェブデザインの画像を実際にアップロードして試してみます。数秒待つと、5種類のプロンプトが表示されます。

さんが /describe を使用しました
Midjourney Bot ✓BOT 今日 00:01

1 Luxury ecommerce website design for organic beauty and skin care products, with a green color palette. The ui/ux elements include images of different cosmetic bottles, glass jars, matte textures, plants, flowers, earthy tones, soft lighting, organic shapes, ecofriendly materials, natural light, organic illustrations, and a minimalistic layout on a white background with high resolution, professional photography using depth of field with a blurred background and high contrast, in the style of natural and organic styles.

2 UI design of a beauty ecommerce website landing page with a muted green color palette and many nature inspired elements. It features images of body care products like lotions, soap bottles, and cream jars in the style of shabby chic, with pastel tones and a beige aesthetic. The background is a light olive brown and the header shows the brand name 'Gewithglam' in white font. At the bottom there is an elongated table displaying various items such as oil, hand wash, or shampoo.

3 UI design of an ecommerce website selling organic body care products, with a green and beige color palette using earthy tones in a nature-inspired and simple layout. Images of the products are shown with clean lines on a minimalistic design with a white background and soft lighting at a high resolution to create a natural look.

4 UI design of an ecommerce website selling organic body care products, using a green and beige color palette. The brand name is "SIDESFindo", with a light background featuring natural elements like plants or flowers. An elegant layout arranges images of different product lines in rows, and icons representing various skincare items such as bottles, jars, or pipes. The overall theme should convey nature-inspired beauty, modern elegance, and eco-friendly vibes. High resolution imagery is used in the style of modern designers.

第7章 画像生成AIをSEOに活かす方法

次に、プロンプトアナライザー機能（/shorten）を使ってプロンプトを短く直してもらい、分析結果の情報を表示します。

プロンプトアナライザー機能を使って短いプロンプトで生成した画像は、読み込んだ画像よりも完成度が高い画像を作れることが見て取れます。簡潔なプロンプトで作成する方がより優れた結果を得られます。簡潔に導き出したプロンプトは、Midjourney以外の画像生成AIツールでも使えるので試してみましょう。さらに、「Important tokens」で表示されているスコアの高いキーワードをいくつかプロンプトに入れて画像を生成すると、ブランディ

ングデザインの展開やビジュアルデザインに使える画像を作成することができます。マーケティングや宣伝広告などに是非、試してみてください。

▼ **3番目のプロンプトを使った画像生成**

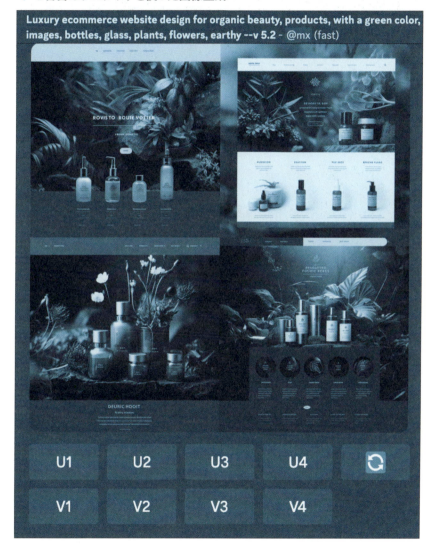

第7章 画像生成AIをSEOに活かす方法

▼ **短いプロンプトを使ってブランディングデザイン展開の画像生成**

第7章 画像生成AIをSEOに活かす方法

第7章 画像生成AIをSEOに活かす方法

/describe 機能の活用例

　風景写真：風景写真の分析結果から、具体的な場所や時間帯、天候などの情報を掴めます。

　人物イラスト：人物イラストの分析結果から、キャラクターの特徴や服装、背景などの情報を掴めます。

　抽象画：抽象画の分析結果から、作品のテーマや作者の意図などを推測することができます。

　プロンプトアナライザー機能や describe の画像分析機能は、あくまでも参考情報なので、必ずしも正確な分析結果が得られるとは限りませんが、他のAIモデルのプロンプトを分析したり、プロンプトの分析結果をビジュアルデザインの発想やアイデアの参考に使えます。また、この機能を活用して、画像に写っている情報を、Google レンズにより深く理解・分析してもらうためのツールとして利用し、検索上位表示に必要なコンテンツの質を高めることができます。検索エンジンは、ユーザーの検索クエリ（単語、フレーズ、複合語など）との関連性が高く、専門性や独自性のあるブログやコンテンツを重要視します。画像分析するAI機能を活用して、SEO対策やウェブマーケティングに効果的な画像を意図的に生成してみましょう。特に、最上位モデルのClaude 3 Opusによる画像認識機能や、Google Gemini Proと兼用することで、画像をさらに深くAIに分析してもらい、Googleの評価基準 E-E-A-T（Experience, Authoritativeness, Trustworthiness）に沿ったブログやコンテンツの専門性、独自性を高めるSEO対策に役立てることができます。

終わりに

　画像生成AIモデルやチャット形式（大規模言語モデル）のAI画像生成は、開発者によって異なるため、それぞれ得意とする分野や性質に違いがあります。そのため、プロンプトの入力方法や内容によって、生成される画像の質や特徴が大きく変化します。高品質で目的に合った画像を得るには、各モデルに適したプロンプトのテクニックを習得することが重要です。各モデルの公式サイトには、適切なプロンプトの書き方やテクニックについての情報が掲載されています。これらを参考に、AIモデルの特性を理解し、最適なプロンプトを入力することで、思い通りの高品質な完成度の高い画像を生成できるようになります。

　現在も大規模言語モデルや画像生成AIモデルは日々進化しており、頻繁にバージョンアップが行われています。最新の情報をチェックし、ニーズに合ったAIモデルを選ぶことが大切です。本書が、皆さんにとって最適な画像生成AIツールを見つける一助となれば幸いです。

春山　瑞恵（はるやま・みずえ）

DX ブランディングデザイナー兼 TLB 株式会社の代表取締役。フランスの
ESAG Penninghen で美術学士号と建築・インテリアデザインの修士号を取
得後、著名企業でデザイン業務に従事。その経験を生かし、独自のブランディ
ングデザインを開発し、国内海外の多岐にわたる業界で 300 件超の企業や
商品のイメージ作りを成功に導く。また、全日本 SEO 協会認定の SEO コ
ンサルタントとして、ウェブサイトの集客支援も行い、WordPress の講師
や画像生成 AI の研究にも取り組んでいる。

最短効率！成果を最大化させる AI マーケティング術

2024 年10月18日　　初版発行

著　者　春　山　瑞　恵

発行者　和　田　智　明

発行所　株式会社 ぱ る 出 版

〒 160-0011　東京都新宿区若葉 1 - 9 - 16
03 (3353) 2835 ─ 代表
03 (3353) 2826 ─ FAX
印刷・製本　中央精版印刷 (株)
本書籍に関するお問い合わせ、ご連絡は下記にて承ります。
https://www.pal-pub.jp

© 2024　Mizue Haruyama　　　　　　　　　　　　　　Printed in Japan

落丁・乱丁本は、お取り替えいたします

ISBN978-4-8272-1467-3　C0034